ゼロから逆転合格！

竹内麦村 著

総合・推薦入試

面接

面接DVD
&
サクセスノート
つき

Gakken

はじめに

　キミは進路選択という現実を目の当たりにして初めて将来に思いをはせ、己の来し方行く末を真剣に「考え」始める。そして、私はそこに啐啄同時、つまり逃すことのできない好機を見いだす。総合・推薦入試を目指すことを決めたキミが、面接試験に立ち向かうために、本書では「考えること」を主とした面接練習に比重を置いた。

　なに、「考える」ってことはそんなに難しいことではない。時間がないというキミであっても大丈夫だ。受験という現実に対峙しなければならないキミのために、本書は、総合・推薦入試などを乗り越え、目に見える形で「結実（合格）」させるために、「自己の思いや考えを語る力」、「自己を他者の中に見出す力」を育むことを目指しているからだ。

　本書では、拙著『自分だけの物語で逆転合格する　総合・推薦入試　志望理由書&面接』の「面接編」を、さらに全体的にかみ砕き、平易でありながら、かつ専門的にも掘り下げている。対象も難関大学からそうではない大学まで、面接を必要とするすべての人に、十分活用できるようにと配慮した。

　受験時あるいは将来の就活時、「面接」という壁を乗り越えなければならないキミにとって、あらゆる不安を解消する本、コミュニケーションとは何であるかが理解できる本、キミを心から支援する本になるべく、渾身の力を込めている。言ってみれば、本書は、秘伝を含めたすべてのノウハウを皆伝した、唯一無二の面接専門書なのである。

　キミのこれまでのつまずきや不安や後悔を解消させ、面接の場でキミのコミュニケーション力を最大限に発揮できる、誰よりもキミの味方になるのが、本書だ。面接で結実するために、面接で満点を取るために、この時を一緒に駆け抜けよう！

竹内麦村

本書の特長と使い方

1
読んで学ぶ！

なぜ面接試験をするの？
合否に関わる質問ってどんなものがあるの？

☞ まずは **Ⅰ章 面接ではキミの何が見られるか** で学ぼう！

2
振り返る！

まずは一番聞かれるエントリーシートの
内容を振り返ろう！

☞ **Ⅰ章 面接ではキミの何が見られるか** を読みながら、

☞ **別冊サクセスノート** に書き込んでいこう！

3
学びながら書く!

「合否に関わる30の質問」について、
どんなことが聞かれるのか確認しよう!

☞ **Ⅱ章 どんな質問をされるのか（前半）** を読みながら、

☞ **別冊サクセスノート** に書き込んでいこう!

4
調べて書く!

さらに、自分の志望大学で聞かれそうなことを
ピックアップしておこう!

☞ **Ⅱ章 どんな質問をされるのか（後半）** を読み、

☞ **別冊サクセスノート** に書き込んでいこう!

5
DVDで総仕上げ!

最後に、DVDを見て
面接に臨むよい例、悪い例をチェックしよう!

別冊

ゼロから逆転合格！
サクセスノート

面接DVD

＊注意

本書と付属のDVDは2020年6月刊『自分だけの物語で逆転合格する 総合・推薦入試 志望理由書&面接』の「面接編」とDVDの内容を一部流用、修正し、大幅に加筆したものです。

教えて！
麦村先生

面接準備前のQ&A

面接準備に入る前に、あらかじめ知っておきたい面接にまつわるあれこれを麦村先生に聞いてみましょう。

Q1 面接試験をするのは何のためですか？

A 書類（エントリーシート）だけではわからない、受験生の人物像を確認するためです。総合型選抜（以下「総合」「総合入試」）・学校推薦型選抜（以下「推薦」「推薦入試」）では、学力試験だけでは測れない適性を、面接におけるキミの生の姿から判断します。特に総合入試では、面接を複数回重ねる学校もあります。面接で合否が決まると思って臨みましょう。

では面接官は一体キミの何を見て採点するのか？　本書で示す「合否に関わる30の質問」とその解説（p.046〜109）を読めばおのずとすべてがわかりますよ。

Q2 「30の質問」の準備だけで入試本番に対応できますか？

A 面接官が受験生のことを判断するためのすべての要素が、本書で紹介する「合否に関わる30の質問」の中にあります。

個人面接の場合、時間が10分程度なら質問は多くて6〜10個くらいでしょう。しかもその質問というのは、一問一答式ではなく、キミの答えたその内容についてさらに深掘りして聞くという形が大半なので、実際の質問の種類はとても少ないのです。

そこで、厳選したこの「30の質問」への対応法をマスターすることが、入試本番で力を発揮することにつながり、合格への架け橋になります。

想定外の質問をされた時は
どうすればいいのですか？

A 本番で、想定した質問をされる場合もありますし、そうでない場合もあり得ます。むしろそうでない場合のほうが多いかもしれません。たとえそのようなときでも、「30の質問」への準備を怠らなければ、キミは本番で必ずや最高のパフォーマンスができるでしょう。どんな質問に対しても、何を柱にして受け答えをすればよいかという観点を身につけるために、「30の質問」の解説があるのです。

　面接で一番大切なキミの態度、それはキミが学究的な意欲を示すことにあります。これが合格できる面接の柱になるということを、「30の質問」の解説を読むことで実感できますよ。

面接の前のテスト（小論文）が
できなかった場合、そのまま面接を
受けても意味があるのですか？

A テストの失敗、大いにけっこう。むしろ完璧に正解を解答できる受験生のほうが圧倒的に少ないと思います。大学によっては、わざと高度な出題をして、その後の時間を受験生がどうやって過ごすか、できなかったことを反省し、残り少ない時間の中で振り返りをしたかどうか、学究的な態度を示せるかどうかを面接で確認することもあります。

　こうした場合の対応の仕方については、「30の質問」とその解説を読んでくださいね。

I章

面接では
キミの何が
見られるか

1

エントリーシートと面接の切っても切れない関係

エントリーシートと面接は一心同体

　面接官（試験官）が面接前に必ず行っていることは何でしょうか？

　それはキミの提出したエントリーシートの熟読です。エントリーシートとは、もちろん大学によって異なりますが、多くは、**志望理由書**、**提出課題**、高校が作成する**推薦書・調査書**などのことです。当たり前のことですが、面接官はエントリーシートをもとにして面接を行います。エントリーシートと面接、この二つが表裏一体となって大きなウェイトを占めるのが、キミがこれから挑む総合・推薦入試の面接試験なのですよ。

　キミの本気の進路意識、たとえば「私はこんな生き方がしたい（してきた）」とか、「こんなことがとても好きだから、この学部・学科に進みたい」、「この大学で大学生活を送って、これからの自分の人生の糧にしたい」といった思いを伝えるのが、エントリーシートと面接です。そして、面接官は、エントリーシート内の志望理由書などに書かれた内容（過去の事柄や未来への意志）が本物かどうかを、面接の際にキミに確かめようとします。

　では、キミはどうすればよいのか？　まずは面接に挑む第一歩として、提

出した志望理由書や課題のコピーや下書きを何度も何度も読み返すことです。次に、**想定問答のトレーニングを積むこと**です!

　また、もし記述内容の不足や表記のミスなどに気づいたら、実際の面接時に（許される時間があったなら、ですが……）訂正・補足できるように準備をしておきましょう。備えあれば憂いなし。

　「志望理由書をもう提出してしまったけれど、今から間に合うのだろうか」と思った人もいるかもしれません。**面接からでも、まだまだ逆転は十分に可能**です。面接こそ本番なので、ここから頑張っていきましょう。

　では、志望理由書のコピーなどを手元に置き、次に示す頻出質問へとアプローチしてくださいね。

志望理由書や提出課題に関連した面接での頻出質問の具体例

別冊
P.002

　中堅大学から難関大学まで、面接で聞かれるオーソドックスな質問を以下に取り上げました。

　まずは、自己推薦書・志望理由書に関する質問です。

- なぜ本大学・学部・学科を志望したのか？

- 入学後に何をしたいか？　大学に入って達成したいことは何か？

- 大学卒業後に何をしたいか？　将来就きたい仕事はあるか？

- 今まで経験してきたことと、将来との関連は何か？

- なぜ他大学ではなくて本学か？　他大学に比べて本学の良さは何か？

- ○○を学ぼうと思ったきっかけは何か？　なぜ、○○でなければいけないのか？

- 自分の経験の中で何を○○に生かせるのか？　○○を行うにあたって、具体的にあなたの強みとなるものは何か？

- 本学に何度来たことがあるか？　本学のイメージはどのようなものか？　学生の印象はどうか？

- 受けたい授業・カリキュラムはあるか？　楽しみな授業はあるか？

- なぜこの試験形態で受験したのか？　なぜ一般受験ではないのか？

- 高校で頑張ったことは何か？　その活動から得たことは何か？

- 部活動以外で何か継続していることはあるか？

- 自分の長所・短所は何か？

- 自己PRを○分で。（1分、2分、3分、5分単位で内容を組み立ててみる）

　これらの質問については本書第Ⅱ章やDVDで詳しく対策します。まずは一度自力で応答の仕方を考えたあとに、第Ⅱ章を読み、最後にDVDを視聴して完璧に仕上げていきましょう！

次は、エントリーシートで提出済みの課題レポート・課題作文などについて面接で聞かれる質問を紹介します。これらは難関大学においてよく取り上げられます。これらの質問では、それほど細かな突っ込みは見られません。

> 課題レポート・
> 課題作文などに関する質問

- 記述内容についての具体的な質問
  - ↳ なぜ、○○に興味をもったのか？　いつからか？
  - ↳ ○○という言葉について説明できるか？
- 課題レポートの要約を5分で説明。
- 課題レポートの成果に名前をつけるとすると、何か？
- 課題と関連づけて、今までのあなたの人生を大学でどう生かしていくのか？
- 課題レポートの指導は誰にしてもらったのか？
  - ↳ レポートがオリジナルか否かの確認。
- 課題レポートについて訂正したいところはあるか？
  - ↳ 提出後も検討していたという意欲をもっているかどうかを見る。
- 課題レポートに○○先生の本のことを書いていたが、先生の他の本を読んだことがあるか？
  - ↳ 正直に答えればいい。読んだことがなくても、このあとすぐに読みます、という意欲を伝える。
- 課題レポートについて、なぜ○○科を志望するのか？○○科にはどのような問題点があるか？

在籍する高校が作成する推薦書や調査書についての質問に対しては、質問の的を外さずにそのまま答えれば問題ありません。これらの質問においても、それほど細かな突っ込みは見られません。

推薦書・調査書の
記載内容に関する質問

- 記載された得意科目と苦手科目について。
- 記載されたボランティア活動について。
- 記載された特技について。
- 記載された学校外活動について。
- 記載された選択授業について。
- 自分の評定平均についてどう思うか？
    ➥ 自分のどんな点が評価されていると思うかを述べる。

面接官が見ている
三つの項目とは？

　面接官（試験官）は、質問に応答するキミの言葉・態度・様子から、次の三つの項目について、チェックしている可能性があります。だからキミは、質問に対して答えるべき内容をただ単に暗記するのではなく、次の三つの項目への理解を深め、ふさわしい態度そのものを身につける必要があるのですよ。

> 面接官がチェックする三つの項目

- 学究的態度を貫いているか？　社会貢献への意欲はあるか？
- きちんとコミュニケーションをとろうとする態度であるか？
- 覚えてきたことを答えるのではなく、聞かれた質問に対してきちんと考えて応答しているか？

学究的態度を貫いているか？
社会貢献への意欲はあるか？

　面接官（試験官）は、間違いなくキミの「内面的な姿勢・態度」に興味をもっています。内面的な姿勢・態度とは、どんなものでしょうか？

　それは、キミが学究的な意欲、つまり、将来何かについて学問として追究したい、研究したいという意欲があるかどうか、学問をしていくための資質があるか否かということです。それを面接中にシビアに観察しているということなのですよ。**面接官が投げかけるあらゆる質問は、すべてキミの学究的態度を確認するためといっても過言ではありません。**

　そして、その学究的態度は、将来社会貢献したいという意欲を下敷きにしていることを示し、それを面接官に認識してもらえれば、キミの面接タイムは、学究的態度を貫いた最高の時間になるはずです。

学究的態度＝キミの意欲

〇〇について学問として追究したい

↑

将来、△△について社会貢献したい

（という意欲を下敷きに）

きちんとコミュニケーションを とろうとする態度であるか？

　面接官（試験官）は、「とにかく頑張ります」「誰よりもやる気があります」「この学部（学科）が一番です」などの、キミの一方的な思いや、具体性に欠ける意味不明な熱意の押し売りや、抽象的な心情のバーゲンセールを最も嫌います。自分の一方的な思いを、ただひたすら吐露（と　ろ）するのが面接ではありませんよ。

　目上の人であり、自分が入学したらお世話になる大学の先生に対して、キミの何だかよくわからない強い思いをぶつけるのではなく、聞かれた内容について的確に答えて、相手との対話を深めていこうとする態度を、本書を活用して身につけていきましょう。

　面接では、**一生懸命さよりも的確さが大切**です！

　キミの抱いている思いを一方的に告げることは「対話」ではなく、ただのおしゃべりでしかないのです。対話とは、つまりコミュニケーションをとるということであり、相手と自分とで共通の話題やテーマについて語り合うということなのです。**面接官が何について話題にし、どんな受け答えを求めているのか**、ということに意識を向け、**的確なレスポンス**ができるような態度を今から養っていきましょう！

覚えてきたことを答えるのではなく、聞かれた質問に対してきちんと考えて応答しているか？

　面接時にキミがやってはならないこと、それは想定される質問に対する答えを丸暗記して、感情のないAI（人工知能）のように機械的に「一対一」対応（＝一つの質問に対して一つだけ答えがあるという意味）で答えるということです。**答えを単発の知識として複写するような応答だけはやめましょう！**　覚えてきたことを面接時に吐き出すだけの応答は、コミュニケーション力ゼロと判断されます。心のこもらない言葉では、当然相手の心には届きませんよね。

　面接官が投げたボールをキャッチして、投げ返すことのできる（意思疎通のできる）人物であるかどうかが、面接では問われるのです。

　一つの質問に対する応答は一つではありません。「一対一」対応形式の発想で準備をしていると、少し質問の形が変わるだけでたちまち答えられなくなってしまいます。**相手が投げたボール（点）を一点だけで受け止めようとするのではなく、幅の広いグローブ（面）で受け止めて投げ返すこと、それが面接です。** あらかじめグローブという幅の広い面、懐（ふところ）の深い器を用意しておくことが大切です。キミなりのグローブを準備するのが面接練習なのですよ。点を点で受け止めるのではなく、点を面で拾えるような、そんな器を作っていきましょう。**幅の広い、いくつかの応答を準備しましょう！**

　もう一つ、面接で意識しなければならないことがあります。それは、**具体的に答えることを心がける**ということ。**キミの応答には具体性が必要なの**です。以上の事柄については第Ⅱ章とDVDで身につけていきましょう！

次のページから、「面接で大切なコミュニケーションとは何か？」について
まとめるので、しっかりと自分のものにしてくださいね。

3

面接試験で大切な
コミュニケーション力とは

　人と人とのコミュニケーションは、大まかに分類すると、言葉をツールとするバーバルコミュニケーション（言語コミュニケーション）と言葉以外のものをツールとするノンバーバルコミュニケーション（非言語コミュニケーション）の2種類があります。

　総合・推薦入試の面接試験においては、この2種類のコミュニケーションのどちらも意識することが大切です。この二つ、あえて選ぶならどちらがより大切なコミュニケーションになると思いますか？

　まず、**第一段階として身につけるべきなのは**、所作（身のこなし・動作）を含むノンバーバル（非言語）コミュニケーションの力なのですよ。つまり、非言語コミュニケーション力が、キミが面接試験をクリアするための必需品ということ！

　面接試験は、いってみれば、キミの志望する大学で働いている大人（教官）との出会いの場でもあります。人と人との出会いの場で、まず、ポイントになること、気をつけるべきことは何でしょうか？

　それは、最初に出会った時に相手に与えるキミの印象です。つまり、第一印象が大事なのです！　面接時の受け答えももちろん大切ですが、キミが面接練習においてまず実行しなければならないこと、それは**キミの第一印象に対する意識改革**なのですよ。

この第一印象について、大学関係者や大手企業人事担当者に聞いてみると、ホントに大切なものらしいです。面接室に入ってからの**最初の3、4分間で、その人物の印象が決まってしまうこと**もあるようです。つまり、出会って最初の3、4分間でキミの印象は決定づけられ、その印象は面接の後半になっても変わらないということ！　面接評価のほとんど**8割方が、言葉でコミュニケーションする前に決まってしまう**ようなこともあるようです。恐ろしいですね。

　以前、こんなことがありました。話す時に目つきの悪くなる生徒がいて、1度目のAO入試の面接で失敗してしまいました。そこで、2度目の公募推薦入試で眼鏡をかけて臨むように勧めたら、合格しました。受け答えの仕方は1度目と変わらなかったと思うのですが……。

　このように、本人が気づかずに、相手に与える印象を悪くしてしまうことが、私の経験上かなりの確率であると考えられます。キミにとって予想以上に準備時間を要し、困難を伴うのが、総合・推薦入試の面接なのだといえるでしょう。話す内容は、ある程度時間をかければ練ることはできますが、長年にわたって染みついてきた自分のクセはなかなか自覚しづらく、直しにくいものです。その自覚するのが難しく、直すのが面倒なクセが、キミの所作におけるマイナス部分になり得るのです。

　では、ノンバーバルコミュニケーションの力をつけ、キミの相手に与える第一印象をよりよいものにするには、どうすればよいのか？　そのために気をつけるべき事柄は何なのか？　これから説明していきます。

4

見た目・立ち居振る舞い

　キミの第一印象をよりよいものにするための要素とは、具体的にどのようなもので、キミはどうすればいいのでしょうか？　意識しなければならない要素は、大きく次の三つに分けられます。

a.　見た目（服装や身だしなみ）
b.　立ち居振る舞い（動作・目線など）
c.　雰囲気（表情・声など）

では、順に詳しく見ていきましょう。

　注意すべき見た目と立ち居振る舞いとは、**初対面の目上の人などに対する外見的な型**のことです。この型について、次にマニュアルを示しました。読んだあとに、学校の先生・友人・家族などに何度も見てもらい、キミの見た目・立ち居振る舞いをチェックしてもらってくださいね。適切な型が自分のものになるまで練習あるのみ、です。また、立ち居振る舞いについては、ぜひDVDも視聴してください。そのあとに、面接のシミュレーションをしましょう。スキルアップのための反復練習に努めてくださいね。

見た目・立ち居振る舞いの マニュアル

 見た目は？

1）服装

　高校生は、もちろん制服。制服のない学校の場合は、若者らしい清潔感のある服装を心がけます。**華美な服装は厳禁**。オープンキャンパスに参加して大学関係者に接したり、模擬授業に参加したりする場合も同様です。

2）身だしなみ

　染めた髪・ボサボサの髪型・ひげ・化粧などは厳禁。女子生徒の長すぎる髪も厳禁。長い場合は必ず束ねること。お辞儀の時に、髪をかき上げる動作をしなくてすむようにすること。**基準は、高校生らしい清潔感**。ここは、自分の価値基準にこだわることはやめて、服装規定などが厳格な学校を参考にするとよいと思います。

 立ち居振る舞いは？

3）面接室入室までの所作

　前日までに**会場の下見**を必ず行います。その際、面接会場の場所を確認しておくこと。当日、集合時間の約**20分前**には**到着**するようにします。
　面接までの時間は、おそらく待合室か面接室外の廊下のどちらかで過ご

すことになります。自分の順番がすぐに回ってくることもあれば、なかなか順番が回ってこず、長く待たされる場合もあります。待ち時間は、別冊の「サクセスノート」を最終確認するなどして、気持ちを落ち着かせる時間として活用しましょう。**待ち時間も面接の時間**だと考えて、足を組んだり投げ出したりするといった、およそ受験生としてふさわしくない態度をとることは、厳禁です。

　スマートフォンなどの携帯機器を見ることは基本的に厳禁！　電源を切り、かばんの奥にしまっておくこと。電源は大学キャンパスを離れてから入れます。ただし、午前中が**小論文や語句**について**説明する課題等**の場合は、面接が始まる前の昼休みの間に、**スマートフォンなどでわからなかった点を調べておくことも大切**です。面接時にその点について問われることもあるからです。

　当日、大学構内にてクラスメイトに会ったり、かつての友人と再会したりすることも想定されますが、大きな声で騒いだりしないようにしましょう。常に周囲への気遣いを忘れることなく、会話・声の大きさなどに気をつけます。

4) 面接室入室方法

①指示があったら起立する

　名前や受験番号などを呼ばれたら、「はい」と**返事**をしてから起立する。起立後に呼名した相手に**会釈**をする。

②ノックは**2・3回**

　入室の際は、ドアの状態（開閉）に関わらず、コンコンと**ノック**する。

③応答を待つ

「どうぞ」などの促す言葉があってから入室する。

④入室する

入室時にまず**入り口で立ち止まり**、面接官に向かって「失礼します。」とはっきりとした口調で言ったあとに、「**普通の礼**」をして入室する。

5) 礼の種類

①会釈

初対面や廊下で知り合いとすれ違うときの軽い挨拶。上体をまっすぐにして腰から**15度**ぐらい曲げる。首だけを垂れない。

②普通の礼

面接の入退室や、オープンキャンパスなどで、大学の先生に会った時などに用いる礼。上体をまっすぐにして腰から**30度**ぐらい曲げる。首だけを垂れない。

③丁寧な礼

面接のスタート時にイスの横に立った時と、面接の終了時にイスの横に起立したあとの礼。上体をまっすぐにして腰から**45度**ぐらい曲げる。首だけを垂れない。

6) 面接室入室後の所作

①座る時の所作

入室したら、**入り口から近いほうのイスの横に立ち**、「○○高等学校から参りました。○○です。よろしくお願いします。」と言ってから、「**丁寧な**

礼」をする。「どうぞ」と言われてから着席する。

②座ったあとの姿勢

　背筋を伸ばす。男子生徒は肩幅ぐらいに足を開き、両手を軽く握って膝の上に置く。女子生徒は膝とかかとをきちんと付けて、足を正面に向けて手を前で軽く重ねる。男女共に、足裏を床にしっかりと付ける。目線は、質問してきたほうの面接官の目、もしくは口元に向ける。

　話が弾むなどして、緊張感が緩んでくると、姿勢が崩れがちになるので注意する。集中力のない受験生と見なされることもある。

③立つ時の所作

　「面接を終了します」と言われたら、起立してイスの横に立ち、「ありがとうございました」と言ってから「丁寧な礼」をする。

7）面接室退室方法

　出入り口まで移動したあと、「失礼します。ありがとうございました。」と言ってから「普通の礼」をして、退室する。終了と言われて、一気に緊張感が解けて思わぬ所作をしてしまう人もいるので、注意する。大学構内にいる間は、常に面接中であるという意識を保つこと。

面接は誰しも緊張するもの。なぜ、緊張するのか？　それは、「うまくやろう」「ちゃんとやろう」「もし失敗したらどうしよう」などと思うから……。でも、緊張しないで面接に臨むにはどうすればいいか、などと考える必要はありませんよ。むしろ緊張するのは当たり前のことだと思って、**緊張感をもって面接試験に臨めばいいのです**。事前に緊張している自分を想像しつつ、適切な立ち居振る舞いができるよう、練習に取り組んでください。

　面接直後に、「緊張して何を言ったか覚えていない。」や、その逆に、「しっかりとやれた。」などといった受験生の感想を聞くことが、今までに何度もありました。ただ、その感想と実際の合否との間にあまり関係はないというのが、私の実感です。

　キミが緊張しようが冷静であろうが、その時の心理状態と試験の合否の結果とは別物であると考えてください。**大切なことは、事前に何度も面接時にふさわしい所作の練習をするということです**。そして練習には、友人や先生、家族の協力を得てくださいね。

5

雰囲気
（表情・声）

　話す言葉自体は同じなのに、ある人が言った時と、また別の人が言った時とでは、伝わり方が違った。そんな経験、ないですか？　もしくは、自分が叱られた時に、内容は同じでも、あの先生に言われた時は納得したけど、この先生に言われたらムカついた、そんな経験、今までになかったでしょうか？

　声や表情、そして、その人の背景にあるもの、つまり、その人のもつ雰囲気によって、相手への言葉の伝わり方は、異なるものです。そして、人は、**表面的に整った言葉ではなく、その人の人格や思考がにじみ出た言葉（声）や表情に納得する生き物です。**

　面接時に、美しい言葉、正しい言葉を用いることに努めるのは、当然のことです。でも、キミの用いる言葉のどれを取ってみても、それだけで美しいと決まっている言葉、正しいと決まっている言葉はありません。ある人がある場面で発した言葉が、どれほど人を魅了したとしても、別の人がそれを用いた時に、同じように伝わるとは限りませんよね。

　それは、言葉がただ言葉として独立しているものではなくて、その言葉を発しているその人の背景（雰囲気）を背負ってしまうものだからです。キミという人の雰囲気全体が、キミの発する言葉の一つ一つに反映してしまうのです。このことを前提にして、「雰囲気」として身につけてほしいことを伝えま

すね。

　相手に自分の雰囲気を伝える要素として、表情と声があります。裏を返せば、**キミの表情と声が、キミの雰囲気をつくり出している**ともいえます。そして、自分ではこういう気分なのに、相手にそれが伝わらない、といった経験はありませんか？

　そういった経験のある人にお勧めなのが、**録画**です。友人や家族、先生などに面接官になってもらって面接の練習をし、その時の様子を録画して、自分の表情や声、そこに表れた雰囲気を客観的に捉えてみましょう！　きっと発見があるはずです。

　下記の項目は、面接での注意点としてよく取り上げられるものです。これを面接のチェック項目として、キミの面接練習を録画した動画と照らし合わせてみるとよいでしょう。

表情と声のチェック項目

表情	□明朗快活な表情か？
	□活力ある表情か？
	□明るいか？
	□目はしっかり開いて相手を見ているか？
	□話し終えたあとの口元は引き締まっているか？

声　　□大きな声で、滑舌よく話せているか？

　　　□語尾まではっきりと発音できているか？

　　　□聞き取りやすいか？

　　　□メリハリのある声か？

　　　□トーンは高すぎず、また低すぎないか？

　表情や声の確認ポイントを示しましたが、これだけは注意！　面接の練習は、絶対に表面的なテクニックに走らないこと！　キミにとって最も大切にすべきことは、自分の気持ちを声（言葉）にのせ、表情に表すことです。**面接時には、口に出さなくても、内面の思いが、そのままキミの身体に表れてしまう**ものです。その時の自分の気持ちが、そのまま声や表情に表れるということです。どうすればよいのでしょうか？

　面接試験の２週間ぐらい前から、「なんとしても○○大学○○学部○○学科に入学して、～を頑張るんだ」というポジティブで具体的な思いを、毎日、勉強の合間などに心の中で念じ続けることです。その念じ続けたキミの思いが、ポジティブで自然な雰囲気を醸し出し、相手（面接官）に届くのです。キミの強い思いこそが、キミの声や表情などの雰囲気、言葉以前のノンバーバル（非言語）コミュニケーションの背景になるものだということを、忘れずにいてください。そして、「思いを言葉にのせる」という心持ちを今からつくっていきましょう。

　この考え方は、次の言語コミュニケーションにも関連します。ぜひとも、自分のものにしてくださいね。

6

受け答えの準備の前に

　ここまでは、言葉以前の事柄についての説明でした。さて、ここでは、言葉によるコミュニケーションについて考えていきます。ただし、ここまでで説明してきたように、**バーバル（言語）コミュニケーションはノンバーバル（非言語）コミュニケーションを下敷きにしています**。これについては常に頭に入れておきましょう。

　また、これから面接時の受け答えについての備えをしていきますが、どう答えるかを考えるだけでなく、その前に、面接官がどのようなことを考えているかを想像することも大切です。

大学が求める生徒像

　面接時の受け答え練習の前に、キミが大学の先生だったら相手に何を聞いてみたいか？　それを想像してみましょう。ここでは、主に国公立大や難関私立大の先生たちがキミたちに求める生徒像について、一緒に考えていきましょう。相手の質問には、必ずそれを聞く目的があります。その目的こそが、「求める生徒像」かどうかの見極めなのですよ。面接官はこうした目的を

org.xml.sax.SAXParseException; lineNumber: 16; columnNumber: 18; The element type "br" must be terminated by the matching end-tag "</br>".

達成するために、質問という形でキミへと切り込んでくるわけです。では、どのような観点で切り込んでくるのでしょうか？

👉 面接官の観点①
言葉の背景を知る経験があるか

「言葉の背景を知る経験」と言われても、一体何のことやら、と思ってしまうかもしれませんね。要するに、キミが「**単なる知識ではない、考え方の枠組み**」を身につけてきたかどうかを、相手（面接官）はチェックしたい、ということなのです。

たとえば、「グローバリズム」という言葉が巷間に散見され、大学の学部名になってもいます。もしかしたら、キミはそんな学部を志望しているかもしれません。その「グローバリズム」という言葉について、キミはどのように捉えているのか？　**単なる辞書的な知識ではなく、その言葉について思考した経験があるかどうか**を、言葉によるコミュニケーション（面接）を通して、面接官は知りたがっているということなのです。

「グローバリズム」という言葉の時間軸における、おおよその位置づけを考えてみると、次のような流れで捉えることができます。

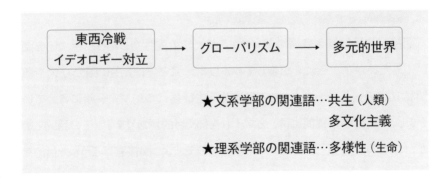

「共生」「多様性」は、「グローバリズム」と関連づけて、グローバリズムの先にあるテーマ・キーワードとしてよく取り上げられます。

　こうした「言葉の背景を知る経験」については、さらにDVDで言及しています。よって、さらなる内容・解説は、ここでは省略しますね。DVDを視聴することで理解し、自分の知恵としましょう。

👉 面接官の観点②
言葉を裏打ちする経験があるか

　さらに、相手（面接官）がチェックしたいポイントの一つとして、**どのような体験をし、どのような実感のある言葉を使えるのか**、ということが考えられます。では、「**言葉を裏打ちする体験**」を考えてみますね。まず、相手（面接官）がキミに求める体験を、X「実体験」とY「読書体験」の二つに分けてみます。

　たとえば、「恋愛」という言葉に関する体験を、X・Yの二つで考えてみましょう。

X「実体験」

　キミはA子さんという女性をとてもとても好きになって、交際を申し込むも振られ続けます。しかし、何度目かのアプローチで、やっと付き合うことができるようになりました。しばらくは楽しい交際が続いたのですが、やがてお互いの考え方の違いからケンカを繰り返すようになり、交際も終わってし

まいました。このような実体験から、キミは「恋愛」について、「恋愛とはうまくいかない難しいものだ」と理解し、そのような実感を、この言葉に対して抱くようになりました。

Y「読書体験」

　キミは恋愛体験もなく、興味もなかったのですが、「恋愛」という言葉への理解を得るために書物を読むことにしました。そして、もともと「恋愛」という言葉は日本にはなかったこと、中世西洋の「love」の概念を「恋愛」という言葉に訳した造語であることを知りました。そして、その「love」の語源は、「王の妻である后（きさき）と、王の家来である騎士との男女の関係を指す」ということを知りました。つまり、恋愛（love）とは「永遠に成就することはなく、死を覚悟しなければならないもの」だと理解し、そのような実感を、キミはその言葉に対して抱くようになりました。

　XとY共に、「恋愛」という言葉に対してもつ実感については、多少似たところはありますが、その実感を得るまでのプロセスは、まったく異なっています。Xは「**具体的な経験から抽象化する**」といったプロセスをたどっています

よね。これは、大切なパターンですよ。

　ここではさらに、Yについて考えてみましょう。Yは具体的な体験ではなく、**「抽象化されたもの（書物）をさらに抽象化して、言葉に対する実感を得る」**という体験です。つまり、**読書も一つのキミの体験（経験）として考える**という新たな視点です。

　大学においては、フィールドワークなどを主体にしたり、常にオリジナリティを求めたりする教授ももちろんいます。ただ、それは大半だとはいいがたいのが実情です。特に文系学部においては、過去の文献や海外の文献を用いて自己の主張を裏付け、エビデンス（証拠）として価値づけることに専念するほうが多いという印象はぬぐえません（私の偏見かもしれませんが……）。つまり、**誰かが複数の具体的な事柄から導き出した抽象的な思考を探し出すという作業そのものもまた、立派な体験・学究的態度として認識されている**、といえます。**書物を読み、自分の血肉にすることも立派な体験だ**、というわけです。

　たとえば、キミの志望する大学のエントリーシートに、「読書について」という項目があったり、面接時に「読書」について問われることがあったりしたら、面接官は、明らかにYのような読書体験を高校生にとって大切な体験（経験）として位置づけています。「具体的な経験→抽象化」だけでなく、「抽象物（書物など）→抽象化」ということも視野に入れて面接準備を進めることが、必要になってきますよね。「どんな本を……か？」と質問する面接官は、間違いなく読書を体験として考える人です。

　この「言葉を裏打ちする体験」についても、さらにDVDで言及しています。

質問の的を射る応答をするには？

別冊
P.004

　ここまでは、主にコミュニケーション力について、その理解と心構えなどに触れてきました。面接は自分が評価される側なので、どうしても能動的に振る舞えずに、受け身になりがちです。もちろん、受け身であることは仕方がないのですが、メンタルな部分では積極的に、つまり、受け身は受け身でも、「積極的な受け身」であろうとする気構えが大切です。

　面接官の質問に的を射た応答をするには「**相手の言いたいことをわかろうとする**」「**積極的に相手の意思をつかむ**」「**積極的に相手の思いに共感しようと努める**」といった心構えが大切になりますよ。

　次の事項について、あらかじめ「サクセスノート」に整理しておきましょう。暗記するのではなく、質問の的を射る応答のために用いる材料にしてください。

「サクセスノート」で
整理しておくこと

- a. 大学・学部・学科のアドミッションポリシー（AP）や建学の精神などと、自分との接点（具体的に）
- b. これまで何を学び、何を乗り越えてきたのか？　何を達成したのか？（具体的に）
- c. 高校生活の具体的な振り返り
- d. 高校での自分の取り組み・アクションについての具体的な自己評価

e. 大学で具体的にやりたいことの整理（複数ある場合は優先順位をつける）

f. 30秒くらいにまとめた自己PR

g. f.の自己PRに加える、これだけは誰にも負けないという自分だけの具体的な魅力（一つ）

h. 自分の興味・関心のあることについての裏付けとなるアクション

　a〜hについて、単刀直入に答える工夫を心がけましょう。一文は短くして、回りくどくしないこと。たとえば、二重否定「〜しないことはなかった」などは絶対に使ってはいけません。

　上の項目については、DVDで詳しく説明しています。読み終えたあとに、視聴してくださいね。

Ⅱ章

どんな質問を
されるのか

1

面接での質問は
大きく2パターンある

　面接官の質問を大別すると、1. エントリーシートに関するものと、2. エントリーシート以外についての質問に分けられます。それぞれの内容をさらに分類すると、次のようになります。

> エントリーシートに関する質問

① 自己推薦書・志望理由書に関する質問
② 課題レポート・課題作文（エッセイ）などに関する質問
③ 推薦書・調査書の記載内容に関する質問

> エントリーシート以外についての質問

① 各大学・各面接官が用意した独自の質問
② すでに実施された、小論文などの筆記試験に関する質問

　まず、重要な前提ですが、キミの受け答えの柱にすべきことは、「**面接官が具体的な事柄について問うている場合は具体的に、抽象的なキミの思いや**

考えを問うている場合は抽象的に答える」ということです。これを柱にして、相手の質問を想定し、それに対する答えをあらかじめ検討しておくことが大切！　それぞれの場合について、別冊の「サクセスノート」にまとめておきましょう！

　また、キミが答えた内容についてさらに質問されるということも想定してください。「さっき○○と言いましたが、○○とはどういうことなのか教えてください」などと、さらに詳しく問われることは、よくあります。

　では、さまざまなタイプの質問について説明しますね。

2

エントリーシートに関する質問

自己推薦書・志望理由書に関する質問

　面接で、最も質問される頻度が高いのが、自己推薦書・志望理由書に関する質問です。当然ですよね。たとえエントリーシートにその答えが述べられていたとしても、直接本人に問い、本人の口から直接答えを聞いて、その信憑性（しんぴょうせい）を判断しようとするのが面接官の仕事です。よって、**自分の自己推薦書・志望理由書を読み返して、自分が面接官になったつもりで質問を設定し、それに答えるという練習が必要です。**

　このとき、**エントリーシートに書ききれなかった具体的なアクションやキミの思い（抽象化）をいきいきと答えられるように、「サクセスノート」を読み返す**ことも大切です。これこそが、私がかつて生徒へのアドバイスとして行ってきた**秘伝の一つ**です。

　また、答えた内容に具体性がないと、さらに突っ込んだ質問がくるということもあらかじめ想定しておきましょう。面接官から見た突っ込みどころとは、次のようなことに関する記述についてです。

- 大学の建学の精神（大学の理念）を理解しているか？
- その学問（分野）を学びたいと思ったきっかけは？
- なぜ、その大学・学部・学科でなければならないのか？
- 具体的に興味・関心があるのはどういうことか？

　自分の自己推薦書・志望理由書に対する突っ込みどころを想定して、それに対する答えを考えておく必要があります。ただし、「答えを文章化して、覚える」というやり方は絶対にしないでください。必要なのは、**答えるべき柱を考えておくこと**です。

　次に、面接で頻出の質問を示します。
　どう答えるかを考える前に、これだけは押さえておきたいことがあります。それは、大学は「キミの内面的な姿勢・態度に興味をもっている」ということです。

　面接官が見る内面的な姿勢・態度とは何か？　それは、**キミの学究的な意欲、つまり、将来、何かを学問として追求したい、研究したいという意欲がある人物かどうか、学問をしていくための資質があるか否か**ということです。このような意欲・態度をシビアに見ているのです。

　このことを踏まえて、次のような質問をされた場合の受け答えを検討してくださいね。次ページからは、実際に私が受けもった生徒から面接後にヒアリングし、まとめたものです。

3

合否に関わる
30の質問

　本番の個人面接では、〈質問→応答〉という形が繰り返されます。しかし面接官は、すべての質問の応答について採点しているわけではありません。つまり、**合否に直結するような質問もあれば、採点に関係のない、ただ単に時間調整などのための質問もある**ということです。次に挙げるものは、中堅大学から難関大学までに共通する、オーソドックスな基本となる面接官の質問内容のうち、合否に直結する可能性がきわめて高いものです。合否に関わる質問は、この30問に集約されます。これ以外の質問については、それほど綿密に準備する必要はありません。その違いは何か？　それはやはり**「学究的態度に関わる質問かどうか」**です。

　p.050からは、左ページに質問とその意図、右ページに応答例とNGワードなどを示しました。熟読して、面接に挑むのにふさわしい態度を養っていきましょう！

必出編

質問1　なぜ、本学を志望したのですか？
質問2　なぜ、この学科（専攻）を志望するのですか？

質問3　本学部（学科）のアドミッションポリシーは何ですか？

質問4　1日目（午前中）の試験はどうでしたか？

質問5　高校生活で特に頑張った活動は何ですか？

質問6　好きな教科は何ですか？

質問7　あなたの長所・短所は何ですか？

質問8　最近気になるニュースは何ですか？

質問9　大学卒業後は何がしたいですか？

質問10　〇分間で自己PR（プレゼン）をしてください。

学部・学科別編

質問11　あなたが本学部（学科）に向いている理由は何ですか？

質問12　本学部（学科）で何を中心に学びたいですか？　それは
　　　　なぜですか？

質問13　あなたのどういったところが、この研究に向いているので
　　　　すか？

質問14　なぜ、〇〇（職業）になろうと思うのですか？

質問15　〇〇（職業）に必要な力（資質）は何ですか？

質問16　なぜ、〇〇に興味をもったのですか？

質問17　なぜ、専門学校ではなく四大志望なのですか？

質問18　入学後にどのゼミ（先生のもと）で勉強したいですか？

質問19　本学部（学科）に関連する本を読んだことがありますか？

質問20　〇〇の分野で最近注目していることは何ですか？

質問21　この資料は何を示していますか？

質問22　○○の理由・原因を説明してください。

質問23　○○（さんの意見）について、賛成（反対）の立場で意見

　　　　を述べてください。

質問24　○○問題について、将来解決したいことは何ですか？

質問25　本学に、あなたはどのような形で貢献できますか？

質問26　成績が良いのになぜ推薦（総合）なのですか？

質問27　集団の中でリーダーシップを発揮できますか？

質問28　○○（例英語）の成績が良くないのはなぜですか？

質問29　ここ（会場）までどうやって来ましたか？

質問30　聞いておきたいことは何かありますか？

「さらに踏み込んだ質問」 のほうが実は大事

　　合否に関わる質問はたったの30問とお伝えしましたが、この30問については、「その質問の答えを聞いて終わり」ということはほぼありません。さらに詳しく突っ込んだ質問があとに続くことがほとんどです。

「○○とのことですが、それは具体的にどの点についてそう思ったのですか？」などとさらに詳しく聞かれる場合が多いので、あらかじめ想定される質問については準備しておきましょう。

　次ページから始まる合否に関わる質問の中でも紹介しているので、ぜひ参考にしてください。

質問1

なぜ、本学を志望したのですか？

面接官

 的を射た応答をするために…

「相手が質問する意図は何なのか？」を
具体的に想像してみよう！

- 大学全体の特徴を知っているかな？

- 他大学との違いをわかっているかな？

- 本学と自分との接点は何か考えているかな？

- アドミッションポリシー（AP）や、カリキュラムポリシー（CP）、ディプロマポリシー（DP）について把握しているかな？

- 建学の精神を理解しているかな？

- 本学を訪れて何を感じたのかな？

- 学生たちの姿を知っているかな？

- 入学して勉強したい気持ちはホンモノかな？

はい。私は〇〇大学を訪れた時に、何よりキャンパスの雰囲気に魅力を感じました。そして、アドミッションポリシー（AP）で△△という人物を求めていることを知り、ますます惹かれていきました。それが志望したきっかけです。

また、キャンパスを訪れた時に出会った先生方に温かさや奥深さを感じ、学生の方々が落ち着いて勉学に励む様子や充実したキャンパスライフを送られている姿に、憧れを抱きました。それも志望させていただいた理由の一つです。

POINT 志望したきっかけ

まずは「きっかけはこうだ」ということを示そう！　この質問については、心情的なこと・感情的なことをメインに話してOK！　たとえば告白する際に「キミは〇〇なところがあり、また△△なところや□□の面があるので付き合ってください。」と理屈っぽく交際を申し込むよりも、「キミのことが好きです。〇〇だから。」と、心情をメインに伝えるほうがいいと思いませんか？

　×だらだらと話さない！　　×上から目線で大学を評価しない！

> ここが重要!!
> 答えたことについて、
> さらに聞かれてもいいようにしておこう！

キャンパスの雰囲気
どんな雰囲気？⇒落ち着いた・緑の多い・アットホームな・整った・躍動している・温かいなど、感じたことを言葉にできるように準備しておこう。

アドミッションポリシー（AP）
理解し覚えておこう。建学の精神についても理解を深めておこう。

出会った先生方の温かさや奥深さ
具体的な会話の中身について述べます。学問を追究している人は素晴らしいと感じたことを率直に伝えよう。

学生の方々が落ち着いて勉学に励む様子や
充実したキャンパスライフを送られている姿
できれば、大学のイベントなどで学生と関わっておこう。そして、具体的な会話の中身や実際に見た姿を具体的に伝えよう。

3
合否に関わる30の質問

質問2

別冊
P.010

> # なぜ、この学科（専攻）を志望するのですか？

面接官

 的を射た応答をするために…

「相手が質問する意図は何なのか？」を
具体的に想像してみよう！

- 学科（専攻）の特徴を知っているのかな？

- 他学科（専攻）との違いをわかっているのかな？

- この学科でなければならないはっきりした理由があるのかな？

- 本当に入りたいという気持ちがあるのかな？

- 入学後に意欲的に専門学科を勉強できるのかな？

- どのような学びをするのか、わかっているのかな？

- 入学後の学びについてのビジョンはあるのかな？

- 本当にこの分野に適しているのかな？

はい。私が〇〇学科を志望した一番の理由は、●●を中心に学びつつ、△△を履修することで、幅広い視点で□□を考えられるようになりたいからです。また、オープンキャンパスの時に▽▽先生の体験授業に参加させていただき、改めて〇〇学科の学びの面白さを教えていただきました。それが理由です。

例　〇〇…経営　　●●…マーケティング　　△△…経営英語　　□□…ビジネス

POINT なぜその学科なのか？

入学後を想定して学科の特徴を具体的に把握し、自分の意志を示せるようにしておこう！　そして、自分のやりたいことと学科の特徴の重なりを言えるようにしておこう！似たような学科のある他大学との特徴の違いについてあらかじめ調べておくと、本番で具体的に答えられますよ。とにかく具体性が大事！

NG
× 一文を長々と話さない！
× 具体性に欠ける答え方をしない！

> ここが重要!!
> 答えたことについて、さらに聞かれてもいいようにしておこう！

●●を中心に学びつつ
なぜ●●なのか？⇒　学びたいと思ったきっかけや、具体的に学びたいジャンルや事柄について言えるように準備しておこう。

幅広い視点で
なぜ幅広い視点なのか？⇒　例「日本と外国とではマーケティングの方法も異なるので、両方の視点を理解できるようになりたいからです。」

体験授業に参加
印象に残っていることは何か？⇒　体験授業のどのような事柄から何を学んだのかを伝えるように心がけよう。そして、それが今後の自分とどのように結びついていくのかを語ろう。

質問3

別冊
P.012

本学部（学科）のアドミッションポリシーは
何ですか？

面接官

 的を射た応答をするために…

「相手が質問する意図は何なのか？」を
具体的に想像してみよう！

● アドミッションポリシーの内容そのものを、理解できているのかな？

● 大学がどんな学生を求めているのか、わかっているかな？

● 大学が求めているものと自分との接点は何か、考えられるかな？

● この学部・学科の学びについて、どの程度の理解があるのかな？

● 何に興味がある受験生なのかな？

● この学部・学科の勉強がしたい気持ちはホンモノかな？

はい。私は〇〇大学△△学科の<u>アドミッションポリシーは、□□である</u>と理解しています。

 アドミッションポリシー

あらかじめ、アドミッションポリシーについてよく読み込んで、しっかりと理解しておこう！

NG × 暗記したことをそのままだらだらと吐き出さない！
× うろ覚えで話すようなことはしない！

ここが
重要!!

答えたことについて、
さらに聞かれてもいいようにしておこう！

アドミッションポリシーは□□である
アドミッションポリシーに書かれている言葉に表されていることを、自分なりに想像して**具体的に置き換えて**考えてみよう。

例 成城大学文芸学部
【人材育成の目的】
文芸学部は、人間の**文化的営為**に関する**多角的な研究・考察**を通じて、豊かな**教養**、**柔軟な思考力**、広い視野を修得させ、かつ、それらを基盤にした**知的創造性**に富み、それをもって**社会に貢献しうる**人材を育成することを目的とする。
【入学者受け入れの方針 (アドミッション・ポリシー)】
文芸学部は、次の条件を満たす人材を入学者として求めます。
1.文芸学部の学問を学修する上で必要な**基礎学力**を有する人。
2.文芸学部の学問について、**旺盛な関心と探究心**を有する人。
3.自らの**個性を自覚**し、その研鑽(けんさん)に意欲的である人。

- 「文化的営為」とは？
- 「教養、柔軟な思考力」とは？
- 「社会に貢献しうる人材」とは？
- 「旺盛な関心と探究心」とは？
- 「多角的な研究・考察」とは？
- 「知的創造性」とは？
- 「基礎学力」とは？
- 「個性を自覚」とは？

3

合否に関わる30の質問

質問4

> ### 1日目(午前中)の試験はどうでしたか？

面接官

 的を射た応答をするために…

「相手が質問する意図は何なのか？」を
具体的に想像してみよう！

● 直前の試験内容を冷静に受け止めて分析できているかな？

● 試験結果を予想して自己評価できるかな？

● 出来不出来ではなく、今後の意欲・学究的態度につなげられているかな？

● 今、この瞬間、学ぼうとする意欲はあるかな？

● わからなかったことや、反省点を整理して調べようという、やる気はあるかな？

● 自分の問題点を具体的に考えて、それを伝える力はあるかな？

はい。小論文の問題では、〇〇の内容が問われていました。私は問1について、自分なりに考えをまとめることができました。しかし、問2は結論を出すまでには至らず、△△か□□かの点で迷ってしまいました。

今回の小論文のテーマと▽▽学部の●●とは、関連しているのではないかと思いました。▲▲という語句の意味がわからず、あとで調べた結果、自分の思っていた事柄と違っていて、誤りに気づきました。勉強不足であったと同時に、新たな発見があり、学ぶことができました。

POINT 小論文の問題関連

試験が終わったら、**面接までの時間**を有効に活用しよう！　まずは、とにかく内省！　何ができて、何ができなかったのか、分析することです。言葉の意味を捉えきれなかった時も、面接までの時間を活用して、焦らずに調べ直しておこう！　時間に余裕があれば、小論文のテーマと学部の学びとの関連性についても考えておこう！

NG　×「できなかった、やれなかった」などのネガティブな言葉のみで終わらない！
×「できた、自分なりに満足」などの自己高評価はしない！

> 答えたことについて、
> さらに聞かれてもいいようにしておこう！

ここが重要!!

△△か□□かの点で迷ってしまった
できなかった（解答できなかった）箇所について、具体的に伝えられるように、試験後に準備しておこう。

小論文のテーマと▽▽学部の●●とは、関連している
試験後に、試験テーマと学部や今後の学びとの共通項に気づいたなら答えられるよう、また、さらに突っ込まれてもいいように準備しておこう！

誤りに気づいた／新たな発見があり、学ぶことができた
常に**学究的態度**を忘れずに、試験の出来が悪かったとしても、**振り返り、反省し、学ぼうとする態度**を示そう。具体的に何をどのように間違えて、今後どうすればよいかを話せるように準備しておくことが決め手。

質問5

別冊
P.016

高校生活で特に頑張った活動は何ですか？

面接官

 的を射た応答をするために…

「相手が質問する意図は何なのか？」を
具体的に想像してみよう！

- 何を中心に高校生活を過ごしてきたのかな？

- その活動から学んだことは何かな？

- 自分の経験を言葉にできるかな？

- 挫折しそうになったことはないのかな？

- 挫折した時に、どのように克服したのかな？

- その活動によって身についた事柄は何かな？

- どのような特性が自分にあると思っているのかな？

はい。私は〇〇の活動について、最も頑張ることができたと思います。

POINT 最も頑張ることができたことについて

とにかく「頑張ったこと」を言えるようにしておこう！
学校行事や委員会活動、生徒会活動、学級活動などで継続して行えた活動はなかったか？　授業での探究学習などで頑張ってきたことはなかったか？　部活動や学校外での活動などで熱心に継続して取り組んできたことはなかったか？
振り返って別冊の「サクセスノート」などにメモし、序列をつけておこう！　答える時には、最も頑張ってきたものを具体的に伝えよう！
そして、**自分一人ではなく、誰かに支えられて頑張れたこと**を語れるようにしておこう！

× あれやこれやといくつもの活動を列挙しない！
× 本当はそれほど「頑張ったこと」でもないのに適当に答えない！

> ここが重要!!

> 答えたことについて、
> さらに聞かれてもいいようにしておこう！

〇〇の活動

どのような活動なのかについて、その**活動内容を具体的に言えるように準備**しておきます。このような質問は、キミの学習成績以外の事柄について、**キミ自身の資質や能力を多面的に評価するため**のものです。振り返って具体的に話せるように準備しておこう。
そして、次のような質問がきても、具体的に答えられるようにあらかじめ準備しておこう。

● なぜ、その活動を頑張ったのですか？
● その活動から、あなたは何を学びましたか？
● ずっと頑張り続けたのですか（くじけることはなかったのですか）？
● その活動を続けていくことで何か気づいたことはありましたか？

質問6

別冊
P.018

好きな教科は何ですか？

面接官

 的を射た応答をするために…

「相手が質問する意図は何なのか？」を
具体的に想像してみよう！

● 何に興味があるのかな？

● どんな分野が好きなのかな？

● 学習について、自分の特性を理解・自覚できているのかな？

● 「得意な教科」ではなく、「好きな教科」は何かな？

● 志望学部・学科との関連はあるかな？

● その教科を好きな気持ちはホンモノかな？

● なぜ好きなのか、理由はあるのかな？

● 入学後も、学ぶ意欲をもてるのかな？

はい。私は得意とまではいかないのですが、教科では〇〇が好きです。

POINT 好きな教科

成績が良いものよりも、好きで意欲的に取り組めたものを選ぶようにする。とにかく「**好きな教科**」を言えるようにしておこう！

どの教科・科目においても「好きだ」という自覚がないのであれば、今までの勉強で使用してきた教科書やノートなどをもう一度振り返ってみよう！　そこから新たな発見や「好き」という感情が新たに芽生えるかもしれません。

× **先走って勝手に余計なことを言わない！**
× **本当はそれほど「好き」でもないのに適当に答えない！**

ここが重要!!

答えたことについて、
さらに聞かれてもいいようにしておこう！

得意とまではいかない

なぜ得意ではないのかについて、その**理由**を準備します。「得意」は、何らかの高い結果や高評価を得ていることが前提。「好き」は、「自分自身が楽しく取り組めている」ということ。キミはあくまでも楽しく取り組んでいる（きた）教科を挙げよう。

教科では〇〇が好き

次のような質問がきても具体的に答えられるように、あらかじめ準備しておこう。

● なぜ好きなのですか？　その理由は何ですか？
● いつから好きなのですか？　そのきっかけは何ですか？
● 好きな教科の中で、さらに好きな分野はあるのですか？
● 好きな教科とそれ以外の教科との違いは、なぜ生じたのですか？
● 好きな教科を大学の学びの中でどのように生かせると思いますか？
● 好きな教科を得意教科にするには、どうすればよいと思いますか？

3　合否に関わる30の質問

質問7

別冊
P.020

あなたの長所・短所は何ですか？

面接官

 的を射た応答をするために…

「相手が質問する意図は何なのか？」を
具体的に想像してみよう！

● 筋道を立てて話せるかな？

● ちゃんと自分のことをわかっている（自己分析できる）かな？

● 自分の良さをアピールできるかな？

● 自分の心の在り方（これまでの振り返り）を言葉で伝えられるか
な？

● 自分の長所を、エピソードと共に語れるかな？

● 自分の短所を、エピソードと共に語れるかな？

● 短所と長所を関連づけて語れるかな？

II章　どんな質問をされるのか

062

はい。私の長所は〇〇です。今までに口口というようなことがありました。このことからも私の長所は〇〇ではないかと思っています。また、それとは反対に▲▲が私の短所ではないかとも思っています。■■のような経験があるからです。長所である〇〇というところが、その裏返しとして短所である▲▲というところにつながっているのではないかと思います。そして私はその短所が長所に向かうように、長所がいきすぎて短所にならないように心がけています。

POINT 長所と短所

まずは「長所は〇〇です」ということを示そう！　そのあとに具体的なエピソードを語れるように準備をしよう。短所も同様に準備しよう。そして、**長所と短所のつながりについて自分なりに分析して伝えられるようにしよう。**
また、分析した事柄から、**ふだん自分が心がけていることも言えるように準備しよう！**

NG　×**長所・短所を言いっ放しにしない！**　×**最初にエピソードから始めない！**

ここが
重要!!

答えたことについて、
さらに聞かれてもいいようにしておこう！

長所である〇〇というところが、短所である▲▲というところにつながっているのではないか
長所を生かし短所を克服しようとすることにおいて、その経験を具体的に語れるようにしよう。自分の長所が、あるときには短所になって表れたことはなかったか、逆に短所が、あるときには長所になって表れたことはなかったか、振り返ってみよう！

短所が長所に向かうように、長所がいきすぎて短所にならないように心がけている
「**どのように心がけているのか**」具体的なエピソードを準備する。
また、「**あなたの長所を大学生活で発揮するには、どのようなことに心がければいいと思いますか？**」という、入学後の事柄と関連づけて聞かれても応答できるように準備しよう。
自分の短所については、**改善のために自分なりに本気で向き合ってきた**ことを具体的に示せるようにしよう。

質問8

別冊
P.022

最近気になるニュースは何ですか？

面接官

 的を射た応答をするために…

「相手が質問する意図は何なのか？」を
具体的に想像してみよう！

- ふだんから情報収集する習慣はあるのかな？

- ニュース（情報）を理解する力はあるかな？

- ニュースが伝えている事象について、自分の意見をもっているか
な？

- なぜ、そのニュースを選んだのかな？　理由はあるのかな？

- 取り上げた事象全体に対して、明確な意見を述べられるかな？

- 相手に自分の意志や価値観をきちんと伝えられるかな？

はい。最近気になっているニュースは、「〇〇」というニュースです。「〇〇」の□□について、これまでも意識していたので、「〇〇」のニュースは特に気になりました。私は、□□とは……ではないかと思います。そのような□□について今後も注目していきたいし、どのようなことが自分にとって必要か考えていきたいです。

POINT 気になったニュースの理由

まずは「気になるニュースは〇〇です」と言おう。そのあとに、「なぜ、気になる」のかという理由を語ろう。

自分の気になるニュースを伝えるためには、そのニュースの背景にある事柄や、自分が今まで考えてきたことなどをまとめておく必要があります。それを盛り込み、順序立てて語れるかどうかがポイントになってきます。

なぜなら、キミが受験勉強だけでなく、社会で起きた出来事に問題意識をもっているか、**流れてくるさまざまな情報を取捨選択できる人物かどうかを相手は知りたがっているから**です。

ふだんから国内のニュースに限らず、世界のニュースなど、自分が特にどんな情報にアンテナを張っているか、伝えられるように準備しよう。

×結論を後回しにしない！

×宗教、政治、スポーツなどの、認識の齟齬（そご）や好き嫌いが生じやすいニュースはできるだけ避ける！

> ここが重要!!
> 答えたことについて、さらに聞かれてもいいようにしておこう！

どのようなことが自分にとって必要か考えていきたい

たとえば、「取り上げたニュースに対してどのようなことを今考えていますか。」と問われても応答できるように準備しておこう。

こうした問いは、一つのニュースに対して自分の意見をもち、しっかりと伝えられるかどうかを確認するためのものであり、絶対的な正解はないものです。世の中で起こっている一つの事象に対して自分の考えをもち、自分で答えを見出そうとする姿勢を示そう！

質問9

別冊
P.024

大学卒業後は何がしたいですか？

面接官

的を射た応答をするために…

「相手が質問する意図は何なのか？」を
具体的に想像してみよう！

● 将来の夢は描いているかな？

● 社会人になった時にどうするか、想像したことがあるかな？

● 具体的なビジョンをもっているかな？

● 自分と社会との関わりについて考えたことがあるかな？

● 自分の意志を順序立てて説明できるかな？

● 社会と自分ということについて、自己分析できるのかな？

はい。私は大学卒業後には〇〇に取り組んでいきたいと思っています。それは△△ということを経験する過程で、私の中に生まれた思いです。△△という経験から、□□についての興味が高まり、〇〇に取り組んでいくことが、私のキャリアビジョンになりました。まだ夢の段階なので、現実には困難なこともあると思います。在学中にさまざまな経験をし、それを糧として将来を確かなものにしていきたいです。

はい。これといった具体的な職業まではまだ考えていません。しかし、私の勉学の最終目標はあります。それは、社会貢献できる人間になることです。学生時代にしっかりと勉強して視野を広げ、どのように社会と関わり、貢献できるのか、その社会貢献の道について、具体的に考え続けていきたいです。

 卒業後のビジョン

まずは「私は卒業後に〇〇したい」ということを示そう！　ただし、はっきりとした卒業後のビジョンがない場合は、無理に繕う必要はなし。現在、明確なビジョンがない場合は、「社会貢献」をキーワードにして語れるように、あらかじめ準備しておこう！

NG　　×結論を後回しにしない！　　×心にもないビジョンを言わない！

> ここが重要!!
>
> 答えたことについて、
> さらに聞かれてもいいようにしておこう！

△△という経験／さまざまな経験をする
具体的にどんなことなのか、答えられるように準備しておこう。

現実には困難なこともある
どのような困難さがあるのか、あらかじめ想定してまとめておこう。

社会貢献できる人間
「あなたが考える社会貢献とは何か？」と問われた時に、具体的に答えられるようにしておこう。

3
合否に関わる30の質問

質問10

別冊
P.026

○分間で自己PR（プレゼン）をしてください。

面接官

 的を射た応答をするために…

「相手が質問する意図は何なのか？」を
具体的に想像してみよう！

- はっきりと自分の気持ちを伝えられるかな？

- 自信をもって相手を見ながら話ができるかな？

- 具体的にわかりやすく伝えようとしているかな？

- 大げさにならずに、謙虚に自分のことを語れるかな？

- 自分がどんな人間なのかを、わかりやすく伝えているかな？

- 客観的に自己分析できるかな？

はい。私は〇〇な高校生（人間）です。なぜそう言えるのか、ということについてお話しします。私は今までに□□という経験をしました。そして、その経験から△△を学ぶことができたと思っています。その後は、▽▽について●●を生かせるように努力してきました。そのような経験や振り返りから、私は〇〇な高校生（人間）であるとアピールできるのではないかと思います。（1分PR）

POINT 自己PR（プレゼン）

まずは「私は〇〇な高校生（人間）です」と端的に自分のことを表現できるように準備しておこう！　そして、そのあとになぜそうなのか、その理由を具体的に言えるようにしよう。大学（学部）によって、1分、2分、3分、5分などと指定される時間は異なります。上の見本は1分のパターンなので、指定時間が長くなる場合は□□のエピソードや△△の学んだことや●●の意欲などの詳細を、さらに具体的に述べるように心がけよう。

1分間で相手に伝えられる内容量は、文字にすると280字〜300字程度です。ただし、これはおおよその目安です。そして、決して文面を丸暗記してただそのまま吐き出すようなことはしないでください。
しっかりと記憶すべきことは、「自分は自分の何を相手に伝えたいのか」ということです。

自己PRはたいてい面接の最初に行われます。つまりキミの立ち居振る舞いや雰囲気も同時に確認されるのです。面接官の顔をしっかりと見て堂々と話すことに心がけよう！

NG　×**話す内容を丸暗記してそのまま話さない！**
　　　×**おおげさな自慢話にしない！**

> ここが重要!!
> 答えたことについて、
> さらに聞かれてもいいようにしておこう！

今までに□□という経験をした
もし可能であれば、挫折経験から学んだことをあらかじめ考えてみよう。その挫折は自己反省と周りの支援によって克服でき、そのことが自分を●●な人間に変えた、という内容でアピールできるかどうかを検討してみよう（ただし、嘘はダメ）。

3

合否に関わる30の質問

質問11

別冊
P.028

あなたが本学部（学科）に向いている理由は
何ですか？

面接官

 的を射た応答をするために…

「相手が質問する意図は何なのか？」を
具体的に想像してみよう！

- 学部（学科）のことを理解しているかな？

- 好きで得意な教科はあるのかな？

- 学部（学科）と自分との接点を語れるかな？

- 何に対して興味があり、意欲が高いのかな？

- 今まで目的をもって生活してきたかな？

- 目的意識をもって、これからの学生時代を過ごせるかな？

- 本当にこの分野に適しているかな？

- 将来の職業につなげられるかな？

はい。私は、どのようなことにおいても真面目に取り組める性質です。そして、物事を順序立てて論理的に考えることが好きですし、そのように考えて生活してきました。〇〇学でも論理的な思考が重要であると思います。その点において、私は〇〇学（例法学）を学ぶ資質があり、〇〇学部向きではないかと思います。

はい。私は将来、〇〇したいという目標があります。それを達成するために△△学部（学科）を志望しました。学部学科に対する客観的な適性の有無は自分では判断しかねます。しかし、△△学部（学科）への興味・関心とやる気は人一倍あると思います。特に△△学部（学科）の●●について学ぶことへの思いは尽きません。その点において自分なりに適性があると考えています。

POINT 学部（学科）に向いているか

事前に体験授業を受けたりインターネットなどで調べたりして、その学部（学科）の特性を理解し、自分との接点や自分の目的意識を語れるように準備しよう！

× なんとなく好きだったからなどの答え方をしない！
× 抽象的な言葉は使わない！

> ここが重要!!
> 答えたことについて、さらに聞かれてもいいようにしておこう！

〇〇学でも論理的な思考が重要である
「私は数学が得意であり好きな教科です。特に証明問題や背理法の活用やアルゴリズムが好きです。これらは私の志望する学部（例法学）に大いに関係しているのではないかと思います。」のように、今まで学習してきた教科の具体的な例を挙げれば説得力は飛躍的に高まります。

●●について学ぶこと
どういうことを学びたいのか、具体的に回答できるように準備しよう！

質問12

別冊
P.030

本学部（学科）で何を中心に学びたいですか？
それはなぜですか？

面接官

 的を射た応答をするために…

「相手が質問する意図は何なのか？」を
具体的に想像してみよう！

- 本学部（学科）の特徴を知っているかな？

- 入学して学びたいという意欲はあるかな？

- 入学後のビジョンを具体的に語れるかな？

- 本学部（学科）で学びたいと思ったきっかけはあるのかな？

- 入学後に勉強したい気持ちはホンモノかな？

- 学ぶ動機は確かかな？

はい。私は入学後に△△を中心に学んでいきたいです。〇月に行われたオープンキャンパスで、〇〇先生の模擬授業に参加させていただきました。その時に初めて□□ということを学ぶことができました。その体験をきっかけにして△△に興味をもち、ぜひ学びたいと思うようになりました。それが理由です。

例　△△…マーケティング戦略論
　　□□…国や文化の違いによって、マーケティングの方法も変わってくる

POINT 学びたいこととその理由

入学後を想定して学部（学科）の特徴を具体的に把握することで、自分の意志を示せるようにしておこう！　オープンキャンパスや体験授業には必ず参加して、その体験を大学での学びに結びつけて考えておこう！

また、パンフレットなどでその学部（学科）の独自の授業や先生の著書を調べてみよう！興味・関心をもてるものを事前に見つけておくことが、面接を乗り越える第一歩になります。

 × 〇〇（英語などの既習教科）です。苦手だからです。
　　× 〇〇と△△と□□などたくさん学びたいです。面白そうだからです。

ここが重要!!
答えたことについて、
さらに聞かれてもいいようにしておこう！

△△を中心に学んでいきたい
なぜ△△なのか？⇒模擬授業などで教わった内容について、しっかりと振り返りをして、入学後のビジョンを描いておこう！

□□ということを学ぶことができた
どのような事柄に興味を抱いたのか？⇒「例 マーケティングとは何か？」や「例 戦略とは何か？」など、模擬授業で習った事柄や言葉の定義づけについてはしっかりと復習して、学びたい△△のおおよそについて説明できるように、頭の中を整理しておこう！

質問13

別冊
P.032

あなたのどういったところが、
この研究に向いているのですか？
（主に理系難関大学では、
志望理由書に研究についての記述あり）

面接官

 的を射た応答をするために…

「相手が質問する意図は何なのか？」を
具体的に想像してみよう！

● 自分の行いたい研究は、本当にあるのかな？

● 自分と研究との接点を語れるかな？

● 自分の行いたい研究の意義や重要性を認識しているかな？

● 大学で行う研究の多くは、基礎研究であることをわかっているか
な？

● 大学での研究は、進歩性や新規性を必要としていることを理解
しているかな？

はい。私は〇〇大学の△△学科で□□の研究に取り組みたいと思っています。私は□□について、（■■時代の）▽▽をきっかけに興味をもちました。そして、現在に至るまでそのことについて考え続けています。私は□□の基礎研究の成果が将来、社会の△△において役立つものであると希望を抱いています。社会貢献できる人となることが自分の信条でもあります。この点において□□の研究に取り組むことは私に向いています。研究には挫折や失敗はつきものだと想像します。しかし、私には粘り強く取り組める意志の強さがあります。

 大学での研究

志望理由書や自己推薦書などの書類に、入学後の研究について記述した場合は、面接でそれについて尋ねられることがあります。自分の行いたい研究があるならば、しっかりと自分の言葉で伝えられるように準備する必要があります！

NG
× パンフレットを利用しただけの、上っ面な言葉で説明しない！
× 知ったかぶりをしない！

> ここが重要!!
>
> 答えたことについて、
> さらに聞かれてもいいようにしておこう！

□□について、（■■時代の）▽▽をきっかけに興味をもち、現在に至るまでそのことについて考え続けている
自分が□□について研究したいことは、具体的に何なのかということを自問自答してみよう！　もしも、独自の発想で研究に取り組む意志があるならば、それについて具体的にまとめておこう！

社会の△△において役立つもの
具体的に研究したい事柄などがあれば、社会全体から見たその研究の位置づけや、社会のどのような部分に役立てられるものなのかなど、広い視点で説明できるように心がけよう。

私には粘り強く取り組める意志の強さがある
「具体的には？」と問われてもいいように、エピソードを用意しておこう！

質問14

別冊
P.034

なぜ、〇〇（職業）になろうと思うのですか？

面接官

 的を射た応答をするために…

「相手が質問する意図は何なのか？」を
具体的に想像してみよう！

● その職業に興味をもったきっかけは何かな？

● 学部（学科）と職業との関連を理解しているかな？

● 自分なりの就職観をもっているかな？

● その職業に対してどんな価値観をもっているかな？

● どこでその職業と関わりをもったのかな？

● 大学での学びと職業との関連について理解しているかな？

はい。私は、中学時代から今まで福祉施設でボランティア活動を行っています。現場ではさまざまな困難な状況にぶつかります。しかし、そのような経験によって私は成長できました。人から「ありがとう」と思われるような仕事に就くことが私の理想であり、それが私の生きがいになるのでは、と思っています。いろいろな人と出会い、助け助けられる中で、私自身が成長できるのではないかとも思います。介護の仕事を通してさまざまな立場の人と出会ったり、人との心の交流を感じたりすることができる人でいたい。それが介護福祉士になりたい理由です。

POINT 職業について

高校時代にすでに就きたい職業を明確に決めている人は、その職業に直接つながる学部（学科）を志望します。例えば、**小学校教師志望なら教員養成大学や教員養成学部、医師・歯科医師・看護師・放射線技師・理学療法士などの医療系の職業希望者はその道に進める学部（学科）を志望します。**この質問14は、そのような受験生にとっては必須です。また、福祉関係も含めて対人援助職と呼ばれる職業に就きたいという人にとっても頻出の質問なので、万全の準備が必要です。その他の学部（学科）についても、将来の職業についてキミがエントリーシートに記入した場合は、なりたい理由を質問されてもいいように準備しよう！

NG
×親がその職業だから、などの意欲の伝わらない答え方をしない！
×「やりたいから」「なりたいから」のような根拠のない表現はしない！
×職業に真剣に向き合っていないと受け取れるような、軽い表現をしない！

> ここが重要!!
> 答えたことについて、さらに聞かれてもいいようにしておこう！

ボランティア活動／困難な状況／成長できた
エピソードを用意しよう！　その中に自己分析を入れてみよう！

「ありがとう」と思われるような仕事
その職業を希望する理由は「なりたい自分になる」や「高度なスキルを身につける」や「社会貢献する」など、人によって異なるものです。ただその「職業」と「自分の生きがい」とがどう結びつくのか説明できるように準備しよう！

質問15

別冊
P.036

○○（職業）に必要な力（資質）は何ですか？

面接官

 的を射た応答をするために…

「相手が質問する意図は何なのか？」を
具体的に想像してみよう！

- 職に就くということへの考え方をきちんともっているかな？
- その職業の特徴をわかっているかな？
- どのような職場であるか、その特性を理解しているかな？
- その職業を選択した理由を、自分の言葉で語れるかな？
- その職業で必要な能力をわかっているかな？
- その職業を自分自身と照らし合わせて考えているかな？
- その職業の業務内容のおおよそをわかっているかな？

はい。コミュニケーション力、特に聴く力だと思います。一般的な「聞く」ではなく、心の入っているほうの「聴く」力が、〇〇という職業には必要です。〇〇は、専門的な特定のサービスを提供することで、人を支援する職業です。だからこそ〇〇にはコミュニケーション力という資質が大前提になります。聴く力がないと相手の目に見えない事柄について理解することができません。相手の本心から望む支援もできません。〇〇に必要な最も基盤となる資質は、コミュニケーション力です。

POINT **必要な力**（資質）

社会人として働く上で必要な力には、以下のようなものがあります。

①**前進する力**＝進んで取り組む主体性・他者に働きかける力・目標設定し行動する実行力。

②**考える力**＝現状分析から課題を見つける課題発見力・問題解決のための計画力・新たな価値を生み出す創造力。

③**チームワーク力**＝意思を明確に伝える発信力・意見を丁寧に聴く傾聴力・まとめようとする調和力・自分自身と周囲との関係性を理解する状況把握力。

自分の目指す職業においてこれらの「力」の中で最も必要とされるものは何か、考えておこう。

 ×ただやみくもに思いつきで答えない！
×自分には無関係かのような評論家的態度は取らない！

> ここが
> 重要!!

答えたことについて、
さらに聞かれてもいいようにしておこう！

コミュニケーション力
資質を問われているので、その職に就いたときに自分に必要な力は何なのかを想像しておこう！　また、その職へのこだわりや、いつも心がけていることなどをその職と関連づけて話せるように準備しよう。

質問16

別冊
P.038

なぜ、〇〇に興味をもったのですか？

面接官

 的を射た応答をするために…

「相手が質問する意図は何なのか？」を
具体的に想像してみよう！

- 本当に興味があるのかな？

- 興味・関心の深さはどれくらいかな？

- 対象への理解はどれくらいかな？

- 学問を行っていくための資質はあるかな？

- 具体的に語れるかな？

- 自己分析ができているかな？

- 他者に自分の気持ちや思いを伝える力があるかな？

はい。私は〇〇について、□□の頃から興味をもち始めました。きっかけは△△です。それからさらに■■についてはどうなのかと、より興味が深まっていきました。特に▽▽の点については今も継続して●●しています。△△をきっかけにして▽▽の点まで●●することで、ますます▲▲（例探究）できるようになりました。今では〇〇への興味をさらに極めていきたいと考えています。

「キミが興味をもった対象」を改めて思い返そう。

例　大学・学部・学科・研究したい学問・学問分野・時事問題・書物など。また、志望理由書や課題レポートなどでキミが記した「興味あるもの」など。

相手の質問に対して具体的に答えられるように準備しよう。同時に「興味あるもの」についてのエピソードを語れるのがベスト！　具体的な答え方によって、興味の対象に対するキミの思いの強さが相手に伝わります。

✕「好きで仕方ない」などの理由を、一心不乱にストレートに伝えない！
✕ 何でもいいから気持ちを正直に言えばよいというわけではない！

ここが
重要!!

答えたことについて、
さらに聞かれてもいいようにしておこう！

きっかけは△△
興味をもった理由を問われているので、きっかけとなったエピソードを準備しておく。キミの志向へのきっかけを話すことで具体性は増します。

さらに■■についてはどうなのかと、より興味が深まっていった
この部分について以下のような質問が来ても、具体的に答えられるようにあらかじめ準備しておこう！　対象への興味をもつまでの過程はどうだったかやどんなエピソードがあるかの振り返りをしておこう！

● なぜ興味が増したのですか？
● 〇〇に興味があるなら、〜についても興味はありませんか？
● 果たしてそのような興味を、大学生活に生かせるのですか？
● あなたの興味・関心が本学への貢献につながるには、何が必要ですか？

3
合否に関わる30の質問

質問17

別冊
P.040

なぜ、専門学校ではなく四大志望なのですか？
（主に看護・保育など専門学校でも
その資格がとれる学部・学科で問われる）

面接官

 的を射た応答をするために…

「相手が質問する意図は何なのか？」を
具体的に想像してみよう！

● 専門学校の特長を理解しているかな？

● 四年制大学の特長を理解しているかな？

● 専門学校と四年制大学との違いについて、考えたことがあるかな？

● 結果的に同じ職業に就くのに、なぜ四年制大学を選択するのか考えたことがあるかな？

● 学究的態度に基づいた確かな理由があるのかな？

● 自己分析はできているかな？

はい。もちろん専門学校ではその職業に特化した講義や実習などを経験するので、社会では即戦力として活躍できます。一方、大学では専門性はもちろんですが、それ以外の一般教養、語学や哲学などのさまざまな学問を学べます。また、学問を追究する時間があり、専門分野を深く学ぶことができます。さまざまな学問を学んで積み上げた上でさらに専門性の高い勉強に取り組めるのは、四年制大学の良さだと思います。それが私が〇〇大学を志望する一番の理由です。

POINT 専門学校や短大と、四大の違い

四大の特長としては、幅広い知識を習得し、学びの幅が広がって、成長につながる要素があることが挙げられます。また、短大と違って時間的な余裕が生まれ、ボランティア体験や留学経験など、より深く学び熟考する時間を取れるということも挙げられます。
専門学校の特長としては、授業が仕事や資格取得、国家資格試験対策に直結しており、興味のある分野を専門的に学べること、就職率も高いことなどが挙げられます。

× 専門学校や短大の短所をあげつらわない！
× 四大の良さを、就職に有利などの不確かな情報で理由づけしない！

> 答えたことについて、
> さらに聞かれてもいいようにしておこう！

ここが
重要!!

専門性の高い勉強
自分はその学部・学科の分野の、何について深く学びたいのか、しっかりと考えておこう！　同時に、「なぜ学びたいのか」という理由も語れるようにしておこう！

一番の理由
「他にどんな理由があるのか？」と問われてもいいように準備しよう！
例〇〇大学では1年間、養成期間が延長されていることで、ゆとりをもちながら深く学べること、四年制大学ならではの△△（例助産師）や□□（例保健師）の受験資格を取るための特別カリキュラムがあること、また、1、2年次の教養課程のプログラムが充実していて、自分自身を成長させることができると思われる点などもその理由です。

質問18

別冊
P.042

入学後にどのゼミ（先生のもと）で
勉強したいですか？

面接官

 的を射た応答をするために…

「相手が質問する意図は何なのか？」を
具体的に想像してみよう！

- 入学後について、具体的に描いているかな？

- 本当に学びたいことがあるのかな？

- 志望理由書の内容は本当かな？

- 大学で何を学ぶか、わかっているかな？

- 入学後の勉学に対しての目的意識は、ホンモノかな？

- エントリーシートにある興味・関心は、ホンモノかな？

- 第1志望での入学の意志は、ホンモノかな？

はい。私は**2年次までは幅広く勉強し**、その後できることなら○○ゼミ（○○先生のもと）で勉強したいです。

POINT ○○ゼミ（○○先生のもと）で勉強したい

まずはオープンキャンパスなどを活用して**体験授業に参加**しよう。その時機を逸した場合は、パンフレットなどを読み込んだり、ウェブを活用して教授一覧を見たりして、自分の**志望学部・学科の先生たちの研究内容・分野・シラバスなどをしっかりと把握**しておこう！
そして、「この先生のもとで勉強したい」と思う人をあらかじめ選択しておこう。もちろん、オープンキャンパス参加時にそのような先生が見つかればそれが一番。あとはその先生のことを詳しく調べておこう。

 × **今のところないです。**
× **いかにも覚えてきたぞ、というような言い方はしない！**

> ここが
> 重要!!
> 答えたことについて、
> さらに聞かれてもいいようにしておこう！

2年次までは幅広く勉強
「なぜそう思うのですか？」と問われてもいいように、準備しておこう。
例 はい。私は○○について専門的に勉強したいという気持ちは強いのですが、その前に学問と向き合う前提である基本的な知識や考え方の基本や視野について足りないと思っています。まずは、学問的なアプローチのできる人になるために経験を積む必要があると思うからです。

○○ゼミ（○○先生のもと）で勉強したい
「なぜそう思うのですか？」と問われてもいいように、準備しておこう。
例 はい。オープンキャンパスの体験授業に参加し、ぜひ○○先生の専門分野である◇◇について深く学びたいと思うようになったことがきっかけです。そして、パンフレットやシラバスなどを拝見する中で、▽▽ゼミにぜひ参加して積極的に活動していきたいと思うようになりました。

3
合否に関わる30の質問

質問19

別冊
P.044

本学部（学科）に関連する本を
読んだことがありますか？

面接官

的を射た応答をするために…

「相手が聞く目的が何なのか？」を
具体的に想像してみよう！

● 相手にきちんと説明する力はあるかな？

● 読書習慣が身についているかな？

● 本の内容を理解する力が身についているかな？

● 本からの学びという学究的な態度が身についているかな？

はい。私は○○という本を読みました。

POINT 学部(学科)に関連する本

「最近読んだ本は何？」と質問されることも考えられます。どのような問題意識をもってどんな本を読み、何を得られたのか、具体的に説明できるようにしておこう！　そして、志望する学部（学科）とどのような点で重なりがあるのかも説明できるように準備しよう。
夏休みなどを活用して、大学のホームページやウェブ上で紹介されている本を検索して、あらかじめ学ぶべきものがある本を選び、熟読しておこう！

○○ということについての問題意識をもって読んでみた
⇒そこから□□ということについての学びを得た

という柱を押さえながら準備しよう！

　× 娯楽雑誌・漫画を安易に挙げない！
　× 背伸びして知ったかぶりをしない！

ここが
重要!!

答えたことについて、
さらに聞かれてもいいようにしておこう！

○○という本を読んだ
次のような質問をされてもいいように準備しておこう！
● どこでその本のことを知ったのですか？
● その本の概要を教えてください。(コンパクトかつ具体的に！)
● どのような目的（問題意識）でその本を読んだのですか？
● その本からあなたは何を学んだと思いますか？
● 本の内容と志望学部（学科）には、どのような関連がありますか？
● どの点が最も面白かったですか？
● 自分の考えと異なるところはなかったですか？
● 他にも同じ著者の本を読んだことはありますか？

質問20

別冊
P.046

〇〇の分野で最近注目していることは何ですか？

面接官

 的を射た応答をするために…

「相手が聞く目的が何なのか？」を
具体的に想像してみよう！

- 大学での学びについて本当に興味があるのかな？
- その分野のことを具体的に考える力があるかな？
- その分野についてどのような考え方をするのかな？
- 現在の興味・関心は入学後の学究的な態度に通じるものかな？
- 本気でこの学部（学科）で勉強したいという意志があるのかな？

はい。私は〇〇という分野の△△に注目しています。

POINT 最近注目していることへの興味・関心はホンモノか

キミが興味・関心のある分野について、果たしてその気持ちはホンモノかどうか、面接官は知りたがっています。そのことをあらかじめ理解して準備をしよう！
その準備として、志望学部（学科）やキミの提出した書類の中で述べた興味ある分野について、最近のニュースなどを含め、アンテナを張って調べておくとよいでしょう。また、関係する本なども読んでおこう！
語る内容は、あくまでも「最近のこと」に！

× **古い事柄を取り上げるのはアウト！**
× **先取りして、理由から先にだらだらと言わない！**

> ここが重要!!
> 答えたことについて、
> さらに聞かれてもいいようにしておこう！

〇〇という分野の△△に注目
当然「それはなぜか」という問いが返ってくることが予想できるので、「最近」というキーワードと共に回答できるように準備しよう！ 1年以内の出来事などを語れるようにしておくこともポイント。
「注目している」ことについてのさらなる問いかけも予想できる。「注目」＝「興味・関心」ということなので、自分がどのような事柄に興味があり、それが大学生活、特に学問を学ぶ上で欠かせない学究的態度へとどのように結びついていくかについて、具体的に語れるように準備しよう！

例 私は以前より△△について興味がありました。さらに△△についての学びを深めたいと思っていたところ、最近その△△がニュースなどで話題に上ったり、△△に関係のある書籍なども出版されたりしているので、ますます注目しています。

質問21

別冊
P.048

この資料は何を示していますか？

（例 この絵を見て気づいたことを教えてください。）

（例 この資料から〇〇についてどのような傾向が
読み取れますか？）

（例 このグラフを時代背景と共に説明してください。）

面接官

 的を射た応答をするために…

「相手が質問する意図は何なのか？」を
具体的に想像してみよう！

● 集中して考えられるかな？

● どこに注目するかな？

● 何を伝えているか読み取れるかな？

● わからなくてもいいから考えようとしているかな？

● 覚えてきたことをそのまま言おうとしていないかな？

● 知識を使って新たな考えや知恵を自分の中に見いだそうとしてい
るかな？

はい。まず私は○○に注目してみました。そこから、この資料は□□を表している
のではないかと考えました。また△△は▽▽のようでもあり、●●が示されている
と思いました。

資料は何を示しているのか

「資料の背後に何が潜んでいるのか？」と考える癖をつけておこう！　表面的な文字よ
りもその背景を捉えようとする心構えが必要です。このような問いかけはキミの基本的な
知識を基にした、直観・センスやコミュニケーション力や創造力を試している場合が多い、
ということを意識して練習を積もう！

× 沈黙から逃げて、苦し紛れに適当なことを言わない！
× 抽象的な言い回しでごまかさない！

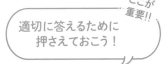
ここが
重要!!

適切に答えるために
押さえておこう！

○○に注目
「資料の特色は何？」「それは何を伝えようとしているのか？」など、自問
自答する癖をつけよう。頭の中に浮かんでくる知識を使って考えてみるこ
とはとてもよいことですが、無理矢理何かを頭の中から引っ張ってこよう
とするやり方はやめよう。

……を表しているのではないか
発言する際には、次のような流れを柱にしよう！
①資料や絵の特徴を捉える。
②その背景にあるものを考える。
③補足することがあれば挙げて、全体をまとめる。

例まず私は絵の中の赤色に注目してみました。そこから、この絵は注意の
喚起や警告を表しているのではないかと考えました。また背景に描かれ
ている時計の針は、もうすぐでちょうど12時を指すような状態で、その
時が目の前に迫っているような、追われているようにも感じ取られ、今
何らかの危機的な状況が直前に迫っていることを示していると思いま
した。

質問22

別冊
P.050

○○の理由・原因を説明してください。
（例このグラフを見て一番大きな変化があったところ
　　を一つ挙げ、考えられる原因を教えてください。）
（例この資料から○○と△△の違いが生じた理由
　　を説明してください。）
（例なぜこのような変化があったのですか？
　　1分以内で説明してください。）

面接官

 的を射た応答をするために…

「相手が質問する意図は何なのか？」を
具体的に想像してみよう！

● 説明内容の全体に一貫性はあるかな？

● 順序よく説明することができるかな？

● 着目すべきポイントをはずしていないかな？

● グラフや資料中の変化の大小に気づくかな？

● 学究的態度はあるかな？

● 何について対象とした資料なのかを理解できているかな？

Ⅱ章　どんな質問をされるのか

はい。私は〇〇から△△について考えてみました。△△は□□を背景として起こっていて、〇〇のような結果が生まれてきたのではないかと思います。

POINT 理由・原因

グラフから傾向とその理由・原因を読み取るためには、

①安定しているところ　②増加や減少の激しいところ　③大きく伸びているところ

④まったく伸びていないところ、などに着目して読み取ろうとする態度を養おう。それが学究的態度につながっていきます。

また、①資料名　②大きなテーマ　③資料の形式　④調査結果　⑤対象者

について順を追って確認することも、読み取りの大前提となります。

×自信のない態度で語らない！
×グラフを無視して自分の考えだけを言わない！

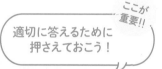
適切に答えるために
押さえておこう！

ここが重要!!

私は〇〇から△△について考えてみた

最後まで矛盾せず、一貫性のある意見を述べよう！　集団では面接官からの突っ込みはあまりないが、一度の発言でまとめて語れるような力が必要！　練習しよう！

考え方のポイントは次のとおり。

● それは全体の中でおよそどのくらいの割合か。

● 同じ傾向のものはないか。

● すべての資料に目を通してみて、全体の結果についてまとめることはできないか。

● 大きな特徴があれば、それを軸にして話を展開できないか。

● 資料は何らかの結果を示したもので、そのテーマや傾向などからその結果に至る背景を考えることはできないか。

質問23

> ○○(さんの意見)について、賛成(反対)の
> 立場で意見を述べてください。

面接官

的を射た応答をするために…

**「相手が質問する意図は何なのか？」を
具体的に想像してみよう！**

- 他者の意見の真意をくみとろうとしているかな？

- 議論のテーマを理解できているかな？

- どの視点から発言を求められているか、その意図をくみとれるかな？

- 考えをまとめてから話せるかな？

- 提示された資料がある場合、それを活用して話せるかな？

- 結論に至るまでの根拠に具体性はあるかな？

- 起こっている事象などに対する賛否を問われたときに、その背景を語れるかな？

〈反対の意見〉

はい。先ほど〇〇さんが言われた△△について、私はそのような発想ができずにいたので、とても勉強になりました。ただ□□については、私は▽▽ではないかと思います。それは●●だからです。提示していただいた資料の◇◇の部分の◎◎の状態からも、その点について▽▽と言えるのではないかと思いました。さらに他の方のご意見も聞かせていただければありがたいです。

 他者の意見をしっかり聞く

集団面接の大きなポイントは、他の受験生の意見をしっかりと聞き、自分の意見と比較して、共通点や相違点を探ろうとする姿勢を示すことにあります。集団面接では「同世代の他者の意見をしっかりと聞ける（要約できる）」ことと「自分の考えを他者の意見に照らし合わせながら相手に誤解なく伝わるように話せる」ことがとても重要です。これは一朝一夕にできるものではありません。事前に誰かの協力を得て準備することが大事！

 ×「同じです、賛成です」で終わらない！
×「違います、反対です」で終わらない！

> ここが重要!!
> 適切に答えるために押さえておこう！

とても勉強になった
相手の良さを認める姿勢を示そう！　ディスカッションといえども、あくまでも集団面接なので「協調性」や「論理性」、そしてそれらを統合した「コミュニケーション力」が試されていることを忘れないようにしよう！

私は▽▽ではないかと思う／●●だから
もちろん相手の意見を聞くだけではなく、自分の根拠ある結論を「〇〇だと思います。それは、●●だからです。」と堂々と述べよう。その時に、賛成もしくは反対に至った自分の考え方の道筋を示せることが大切。

資料の◇◇の部分の◎◎の状態
他者の意見と資料の読み取りを同等に考えて、両者を理解した上で、自分の意見の根拠を言えるようにしよう！

質問24

別冊
P.054

> ○○問題について、将来解決したいことは
> 何ですか？

面接官

 的を射た応答をするために…

「相手が質問する意図は何なのか？」を
具体的に想像してみよう！

- 何かの問題について考えを巡らせたことはあるかな？
- 目的を達成するためには自分はどうしたらいいのか、考えたことがあるかな？
- 興味ある事柄の課題について思いを巡らせたことはあるかな？
- 問題の原因を分析したことがあるかな？
- 物事をできるだけ客観的に見ようとしているかな？

> はい。私が〇〇問題について、将来解決したいことは△△です。

〇〇問題について、将来解決したいこと

ふだんから身の回りの出来事やニュースで見聞きする事柄に問題意識をもっているかが問われます。学部（学科）に関連する問題や自分が今までに共感した事柄、自分の体験などから導き出せるものはないかを、あらかじめ考えておこう！

× 「**特にありません**」はありえない！
× 「**AKB商法問題です**」などの芸能系はありえない！

> ここが
> 重要!!
>
> 答えたことについて、
> さらに聞かれてもいいようにしておこう！

将来解決したい〇〇問題は△△
「なぜその問題を解決したいのか？」について面接官が納得するような説明を準備しておこう！　「解決することによってどのようなことが実現されるのか？」という結果を想像して答えることができればベスト！

〇〇問題について、将来解決したいことの例としては、次のようなものがあります。
- 難民問題の受け入れについて
- 環境問題の森林伐採について
- 少子高齢化問題の労働力不足について（AIとの共生について）
- 教育問題の発展途上国支援について

などなど、できれば志望学部（学科）と関連のあるものからチョイスしよう！

また、「どうしたら良いか？」という質問への準備もしておこう！
そのためには、ふだんから問題を客観的に見るように心がけよう！　1つの解決方法にこだわらずに、視野を広げて考えることを心がけて準備しよう。友達や先生など、他者の意見を聞いてみるのも大切な準備になります。相手は決してキミに完全な解決法を求めているわけではありません。客観的に柔軟な思考ができる人かどうかを判断しようとしているのです。

質問 25

別冊
P.056

> ### 本学に、あなたはどのような形で
貢献できますか？

面接官

 的を射た応答をするために…

「相手が質問する意図は何なのか？」を
具体的に想像してみよう！

- 貢献の意味がわかるかな？

- 入学後のビジョンを描いているかな？

- 自己分析できるかな？

- 本学の特徴を把握しているかな？

- アドミッションポリシー（AP）・カリキュラムポリシー（CP）・ディプロマ
  ポリシー（DP）の理解は確かかな？

- 向上心はあるかな？

はい。私は〇〇大学入学後には、ディプロマポリシーにある▽▽を実現するための努力を怠りません。例えば、□□についての学びを深める、△△な学生になることを目指します。その努力がやがて〇〇大学への貢献へと結びつくのではないかと思います。

POINT どのような形で貢献するか具体的に示す

面接ではキミが準備していない、不意をつく質問も多々あります。しかし、どんな質問にも冷静に対応しようとする態度を身につけておくことが大切です。

相手の質問そのものに集中して、その言葉の中に回答のヒントを探すことに心がけよう。それでクリアできます。

「大学に貢献できる」ことを聞く理由は、受験生の「入学後における大学生としての過ごし方や学究的態度の有無」を面接官が判断するため。ここで、カリキュラムポリシー(CP)やディプロマポリシー(DP)を大いに活用しよう！　卒業を前提としたDPは、大学の「〇〇な学生に成長して立派な社会人になってほしい」という願いの象徴です。CPやDPを活用して、それと自分との接点を述べれば意外と簡単に回答ができますよ。

NG　× 自分の能力について下手な自慢をしない！
　　　× 頭の中で整理できていないことを、だらだらと話さない！

> ここが重要!!
> 答えたことについて、
> さらに聞かれてもいいようにしておこう！

入学後には、ディプロマポリシーにある▽▽を実現するための努力
「自分の大学へ貢献できる能力」＝「努力する才能」。
自分の能力について下手な自慢をせずに「**努力で貢献していける**」という路線でまとめるのが無難。
大学のAP・CP・DPについては、確実に押さえておこう！　予期せぬ質問に対して答えられるようにするためにも必要不可欠。

□□についての学びを深め、△△な学生になること
常に学究的態度を意識して答えるように心がけよう。また、入学後の展望を伝えることも、大学に貢献できることを伝える際のポイントの一つ。

質問 26

別冊 P.058

成績が良いのになぜ推薦(総合)なのですか？

 的を射た応答をするために…

「相手が質問する意図は何なのか？」を
具体的に想像してみよう！

- 本当に第1志望なのかな？

- 急に本学へと志望を変えたのではないかな？

- 調査書の成績と実力は一致しているかな？

- 勉強に対する意欲はあるかな？

- 勉強に対する持続力はあるかな？

- 評定を取るためだけの勉強をしてきたということはないかな？

はい。私は〇〇大学にぜひ入学したく努力して**参りました**。もちろん一般の入学試験にも挑戦しますが、それ以外にも自分の人間力や〇〇大学入学の適性があるかどうかについて判断していただきたく、受験いたしました。よろしくお願いいたします。

POINT なぜ推薦（総合）なのか

あくまでも第1志望であることを相手（面接官）に納得してもらうことに全力を注ごう！
また、相手は調査書をしっかりと読み込んでいるということを念頭において、自分の良さをアピールしよう。評定の良さだけではなく、「明確な意志をもって〇〇大学を志望した」ということを伝えることがポイントです！

× 調査書の評定をよくするために努力しました。
× 受験する志望校には悩みました。

> ここが重要!!
> 答えたことについて、
> さらに聞かれてもいいようにしておこう！

〇〇大学にぜひ入学したく努力して
評定で高成績をとる以外に、どのようなことを努力してきたのかを聞かれてもいいように準備しよう！

人間力や〇〇大学入学の適性
「あなたの人間力は何？」と聞かれたときに、具体的に答えられるように準備しよう！　同様に「適性は何？」という問いにもきちんと答えられるようにしよう！　その際に、過去の経験やエピソードを準備して答えられれば完璧です。

質問27

別冊
P.060

> 集団の中でリーダーシップを発揮できますか？

面接官

 的を射た応答をするために…

「相手が質問する意図は何なのか？」を
具体的に想像してみよう！

- リーダーシップの定義づけができているかな？

- 自分の経験を語れるかな？

- 大学生活でリーダーシップをとる場合、何を基本にすべきか考え
  たことがあるかな？

- 今までどのように人と関わってきたのかな？

- 自己分析ができるかな？

はい。私は高校時代にリーダーという役割を経験したことはありません。ですが、リーダー経験はないものの、小集団において縁の下の力持ちになった経験はあります。先頭に立って人を導くということだけがリーダーの仕事ではなく、みんなの意見を調整し下支えするのもリーダーの役割であるとするなら、私はその点で入学後もリーダーシップを発揮できると思います。

 リーダーシップとは

大学が求めるリーダーシップとはどのようなものであるかを、あらかじめ考えておく必要があります。

近頃、大学では、小集団をまとめあげられるような気配りのできる学生が不足しているという話を時に耳にします。単に自分の意見を押し通して引っ張っていこうとするだけではリーダーとはいえません。それよりも、いろいろな考え方をくみとって調和させようと努力する学生が必要なのです。そうした点からリーダー論を考えてみるとよいでしょう。

NG　×**適当に自慢しない！**
　　　×**自分の存在を否定的に言わない！**

> ここが重要!!
>
> 答えたことについて、
> さらに聞かれてもいいようにしておこう！

縁の下の力持ちになった経験
「どのような経験ですか？」と聞かれたときに、具体的に答えられるように準備しよう！　日常の何気ないひとコマでも相手を納得させられる材料になります。

下支えするのもリーダーの役割
「具体的にはどのようなことですか？」と聞かれたときに答えられるように準備しよう！　例えば、広い視野や柔軟な対応力が求められる、グローバル化を基調とする学部を志望している場合などは特に、「みんなを引っ張っていける自信はないですが、仲間からさまざまな意見が出る中で、それを調整したり、背中を押したりして、みんなを下支えする役割は担えると思います。」という趣旨の回答ができればベスト。

○○(例英語)の成績が良くないのは
なぜですか？

面接官

 的を射た応答をするために…

「相手が質問する意図は何なのか？」を
具体的に想像してみよう！

● 基礎学力が定着していないのはなぜかな？

● 成績が悪い理由を説明できるかな？

● 自分を振り返ることができるかな？

● 客観的に自己分析しているかな？

● 入学後に学習計画を立てられるかな？

● 苦手克服の努力はできるかな？

● 不利な質問に冷静に対処できるかな？

はい。私は〇〇については、中学2年生の頃につまずきました。特に△△の分野に苦手意識をもつようになり、いつの間にか△△以外の分野も苦手になっていきました。そのことを振り返り自覚できるようになってから、何とか克服できるように、中2からの復習を続けているところです。〇〇が得意な友人の力を借りて少しでも成績が上がるように努力しています。

 成績が良くない

時に面接官は、調査書などから本人のネガティブな要素を取り上げて、たたみかけるように聞いてくることがあります。そんな時でもうろたえず、正直な自分の思いを伝えるようにしよう！　その時に大切なポイントは、次の2点です。

①振り返りができているか。
②乗り越えようとしているか。

また、自分一人ではなく、誰かの力を借りつつ努力していることを語ってみよう。

NG　× できないことを人のせいにしない！
　　　× 自分を否定的にとらえない！

> ここが重要!!
> 答えたことについて、
> さらに聞かれてもいいようにしておこう！

中学2年生の頃につまずいた
自分のことについて、振り返ろうとする姿勢を相手に伝えることが大切。
自分を卑下するような回答や、言い訳めいた回答は避けよう！
「何か原因はあったのですか？」などの追加の質問に対しても、誰かや何かのせいにすることなく、「原因は自分自身の〇〇な部分にあります。」などと、自己の振り返りを語ってみよう！

中2からの復習を続けている／友人の力を借りて
「具体的にどのようなことをやってきたのか？」と問われてもいいように準備しよう！　面接では具体性が求められます。と同時に、「人に助けを求めた」といった、謙虚な心の在り方を示すことも良い回答例です。

ここ（会場）までどうやって来ましたか？

 的を射た応答をするために…

「相手が質問する意図は何なのか？」を
具体的に想像してみよう！

● どんな生徒かな？

● 相手にわかりやすく説明できるかな？

● コミュニケーション力はどの程度かな？

● 予期しない質問にも対応できるかな？

● 相手の求めているものが何か、とっさに考えられるかな？

II章 どんな質問をされるのか

はい。最寄駅の〇〇駅からは××線と×線を乗り継いで△△駅で下車しました。そこからは大学まで徒歩で参りました。ちょうど1時間かかりました。

はい。自宅が〇〇県△△市内ですので、昨日は新幹線で□□駅まで来て、■■ホテルに母と宿泊しました。今朝は■■ホテルから徒歩で約15分かけてここまで参りました。

 会場までの道のり

人は予期せぬことが起こった時、うまく反応できないもの。しかし、そうした予想外の質問への反応から相手（面接官）は受験生の「力」を見ようとします。「えーっと」や「その〜」などのあからさまに困った話し方にならないような、心の準備が必要！

予想外の質問にも対応できるように準備しておく心構え、それは、ふだんから、**相手は自分に何を尋ねようとしているのか、それに対して自分は具体的に答えようとしているのか**、この二つについて意識して自問自答する態度を養うことが大切!!

NG ×**歩いてきました！** ×**電車で来ました！**

ここが重要!!
答えたことについて、さらに聞かれてもいいようにしておこう！

ちょうど1時間
「通学に時間がかかるが大丈夫か？」などの質問に答えられるように準備しよう。

■■ホテルに母と宿泊
「入学後はどのようにして生活するのか？」と問われてもいいように準備しよう！ 下宿するのか、アパートか、学生寮かなど、あらかじめ検討しておこう。

質問30

別冊
P.066

聞いておきたいことは何かありますか？

面接官

的を射た応答をするために…

「相手が質問する意図は何なのか？」を
具体的に想像してみよう！

- 本学への志望の強さは、どれくらいかな？
- パンフレットや大学のHPなどを、どれくらい読み込んでいるかな？
- 本学部（学科）への興味は、ホンモノかな？
- 自分の考えをまとめてから、質問できるかな？
- 伝えたいことがあって、それをうまく伝えようとしているかな？
- 相手（面接官）が答えられる質問かを判断できるかな？

はい。私は入学させていただいたならば、○○に取り組んでいきたいと思っています。しかし、それを行っていくにはどうすればいいのか、わかりません。ホームページやパンフレットの学部案内にも載っていないことですが、教えていただければありがたいです。

POINT 聞いておきたいこと

「本気で入学する意志があるなら入学後のことを想定して、不安になることや、やってみたいことがあるのでは？」と面接官は思っているかもしれません。そして、具体的に考えた時、「これはどうなの？」と思うことがあるはずだ、と面接官は思っているかもしれません。こうした質問を受けたら、相手に何を伝えたいのか、**目的を決めてから**聞くようにしよう。相手に自分のやる気を伝えたいのか、自分の良さを伝えたいのか、**大学への適性を伝え**たいのか。目的をはっきりさせることで、どんな質問をするのかが決まってきます。

× **「聞いてどうなるの？」という内容の質問はしない！**
× **相手が答えられそうもない質問はしない！**

> ここが重要!!
>
> 答えたことについて、
> さらに聞かれてもいいようにしておこう！

○○に取り組んでいきたい
「なぜですか？」という質問に答えられるように準備しよう！　まずはじめに入学後の自分を意識するほど志望していることをアピールしてから質問しよう。もちろん、アピールするのは自分の適性でも長所でも構いません。ただし、入学後を想定して大学と関連づけよう！

学部案内にも載っていないことですが、教えていただければありがたい
「いろいろ調べたけれどわからないので質問します」というニュアンスが伝わるのでOK！　ただし、学部（学科）と全く関係のないようなことは聞かないように！
また、答えてもらったら「ありがとうございます。勉強になりました。」という感謝を忘れないようにしよう。

3　合否に関わる30の質問

4

集団面接について

集団で行われる面接の形式は、大きく次の3種類に分けることができます。

> ① 「数名のグループで行うが、互いに話し合う機会はなく、面接官
> の質問に対して、受験生が一人ずつ順番に指名されて答える」
> という形式。
> ② 「資料や問題が準備されていて、それについてグループ内の受
> 験生全員でディスカッション（討議）し、結論を導く」という形式。
> ③ ①と②の両方を行う形式。

1）準備として必要なこと

①の場合

　受け答えは、個別面接となんら変わりません。相違点は、**他の受験生が面接官とやりとりしているときに、どのような態度をとればよいのかについて考えておく**ということです。自分の受け答えのことばかり考えていたり、順番を気にしてばかりいたりする態度はマイナスです。他の受験生と面接官との

やりとりに集中しつつ、自分の意見も言えるように準備しましょう！

例 「先ほど〇〇さんのご意見を伺って、とても勉強になりました。私は△△については□□ではないかと思っていましたが、新たな視点をいただいたように感じました。また、今は△△については▽▽ではないかと改めて考え直しているところです。」

②の場合

ディスカッション（討議）をディベート（賛否いずれかの立場に分かれて行う討論）と勘違いして自分の主張を貫き通そうとする人がいますが、それは大きな間違いです。ディスカッションの重要なポイントの一つは「人と協力できるかどうか」ということです。

集団面接の前提になる心構えを次に挙げました。ぜひ、身につけておきましょう！

- 人は、自分とは異なったものの見方や考え方・感じ方をするものだ。
- 人は、自分と同じようなものの見方や考え方・感じ方をすることも時にあるものだ。
- 人は、他者のものの見方や考え方・感じ方の中に自分自身を見出すこともあるものだ。
- 人は、自分の考えの至らなさに気づき、その考えを修正できることも時にあるものだ。

そして、ディスカッションの構造を次のように頭の中で組み立てておきましょう。

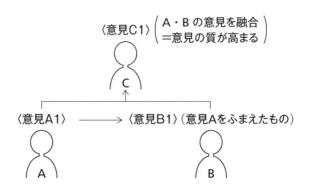

意見は、次のように立場を明確にして発言するとよいでしょう。

例 （Bさんの立場から）

「意見A1ですが、私はそのような発想ができず、とても勉強になりました。しかし、私は▽▽については□□と思いました。なぜなら、〜からです。」

例 （Cさんの立場から）

「意見A1は〇〇ということで、それに対して意見B1は□□ということですが、私はそのどちらの視点にも共感します。できればこの二つを融合させた形で△△〈意見C1〉ということも考えてみてはどうかと思いました。いかがでしょうか？」

こうして、2度目のAさんの発言では、〈意見C1〉がワンステップ上がった

〈意見A2〉になり、さらにそれに対してBさんの視点の〈意見B2〉が提示され、さらにそれらを融合した〈意見C2〉が生まれてくる、という構造になります。これがディスカッションだという認識をキミの中に取り入れましょう。

　キミはどの立ち位置から意見を言うのかについて意識できるといいですね。そして、司会を立てる場合は、司会者はCさんの立ち位置でディスカッションの質を高めていくことがその役割となります。司会者は大変ですが、受験生の中では有利な立場といえます。

③の場合
　これはたいてい、①→②の順に行われるので、①・②のポイントをあらかじめ理解・実行できるようにしましょう！

- 必ずしも他の意見に共感する必要はないことを前提として臨みましょう！
- 他の意見が一本筋が通っていて、自分としても参考になったという場合は、自分の共感ポイントを全体に伝えましょう！
- 他の意見を理解した上で、それらとは異なる自分の考えを、その根拠と共に示せるようにしましょう！
- 他の意見に自分の意見を付け足せないか？　普段から考える習慣をつけましょう！
- ディスカッションを通して、全員が協力し、多角的な視点から解決しようとする態度や雰囲気が作られるように貢献しましょう！

2) 練習時の自己評価ポイント

　自分で集団面接の練習を行う際には、次のようなことができているかを
チェックしてみましょう。

- 思うように意見を「伝える」ことができたか？
- 順序よく簡潔に話すことができたか？
- 他の意見をまとめあげることができたか？
- 他の意見に自分の意見を付け足すことができたか？
- 積極的に参加することができたか？
- 他の意見を自分の意見の中に取り込めたか？
- 根拠を示すことができたか？

3) 面接官について

　集団面接では、面接官も複数人いて、それぞれが役割を担っている場合
があります。

　たとえば、「笑顔の人」「厳しい人」「目も合わせない人」「無関心な感じの
人」「発言者以外の受験生を見ている人」などです。つまり、一律に同じよう
な感じの複数の面接官とやりとりするわけではありません。そして、キミが意
見を述べていないときでも、**キミの態度がどのようであるかについて、常に
面接官の誰かに見られている**、ということを想定しておきましょう！

5

大学別質問リスト

　ここでは、各大学・学部・学科の具体的な質問について、その一部をピックアップしました。質問はさまざまですが、答え方の基本はすべてp.050からの「合否に関わる30の質問」と同じです。照らし合わせながら確認しておきましょう！

1）大学ごとの質問&一言アドバイス…必出編

別冊
P.068

- 「なぜ志望したのか？」　　　（玉川大・教育・乳幼児発達）推薦

 先生の一言アドバイス

　エントリーシートの志望理由書の内容をさらにまとめたり、あるいは具体的な内容を付け足したりしよう！　基本は志望理由書をベースにしながら、面接前にさらにいいことを思いついたら面接で追加してもOK！

- 「本学に対して興味のあるところは何か？」

（東海大・文・広報・メディア）総合

先生の一言アドバイス

「〇〇などの実践的な活動ができる点に興味があり、卒業後につながる。」
などの具体的な内容で答えよう！

- 「なぜ、この学科なのか？」 （日本女子大・理・数物科）推薦

（青山学院大・文・比較芸術）推薦・総合

先生の一言アドバイス

エントリーシートの志望理由について、詳細を追究されても答えられるよ
うに、志望するきっかけとなった出来事や、理由について深堀りしておこう！
また、学科の特色に対する自分の熱い思いを語れるようにしよう！

- 「本学科のメリットとデメリットは？」

（東京家政大・人文・教育福祉） 推薦

 先生の一言アドバイス

　資格を複数取れ、幅広く学べるという良さと、その良さゆえに学生が陥りがちなデメリットについて考えておこう！

- 「医療に関わる職種は他にもあるが、なぜ看護師なのか？」

（慶應義塾大・看護） 総合

 先生の一言アドバイス

　ざっくりと対人援助職を目指しているということではなく、看護師志望の具体的な理由と、自分がどのような看護師を理想としているのかを語ろう！

- 「オープンキャンパスに来たか？」　（國學院大・文・中国文） 総合

 先生の一言アドバイス

　必ずオープンキャンパスに参加し、大学の印象や、感じられた雰囲気やその大学ならではの伝統について語れるように準備しよう！

07

- 「本大学を知ったきっかけは？　自分の弱点は何？」

（立命館アジア太平洋大・国際経営）総合

先生の一言アドバイス

大学との出会いのエピソードを語れるようにしよう！　また、自分の頑張りやつらかったこと、乗り越えられなかった壁、そこからの学びなどをまとめておこう！

08

- 「キリスト教についてどのような印象を持っているか？」

（天使大・看護栄養・看護）推薦

先生の一言アドバイス

建学の精神やモットーについては事前によく理解しておこう！

09

- 「心理学を学ぶのは大変なことだが、大丈夫か？」

（武蔵野大・人間科学）推薦

先生の一言アドバイス

　具体的にどのように頑張ろうとしているかを語ることで、相手（面接官）の
「大丈夫か」という不安感をぬぐい去れるように言葉を尽くそう！

10

●「午前中の小論文の出来は？」（武蔵大・人文・英語英米文化）総合

先生の一言アドバイス

　午前中の小論文について休み時間にしっかりと振り返り、間違えていたと
ころや理解不十分なところについて、自己分析し、きちんと説明できるよう
にしよう！

11

●「自分が書いた小論文の自己評価は？」

（津田塾大・学芸・国際関係）総合

先生の一言アドバイス

　自分が書いたものについて、客観的に振り返ることができるかどうかが問
われます。書いた内容や反省点について試験後も考え続けていることを具
体的に語ろう！

- 「午前中の小論文のテーマ（グローバル化）についてあなたの考えは？」

（学習院大・文・ドイツ語圏文化）総合

 先生の一言アドバイス

　小論文試験の終わった直後に必ず振り返り、そのテーマについて口頭で語れるようにしよう！

- 「筆記試験の出来はどうだったか？」

（法政大・情報・コンピュータ）推薦

 先生の一言アドバイス

　試験直後に解答に自信のない箇所を振り返り、具体的に話せるように準備しよう！

- 「直前の演習課題について」

（千葉工業大・工・機械電子創成工）総合

先生の一言アドバイス

　自己評価を求められたら、良くなかった点の振り返りと、今後の課題を具体的に述べよう！

● 「試験の出来はどうだったか？」

　　　　　　　　　　　　　（酪農学園大・獣医・獣医学類）推薦

先生の一言アドバイス

　出来不出来を中心にせず、「ここはできたが、この箇所はポイントがずれていたことに気づき、復習した。」など、学究的態度で振り返ったことを示そう！

● 「課題作品のプレゼンをしてください」

　　　　　　　　　　　　　（大阪工業大・工・建築）総合

先生の一言アドバイス

　工夫した点や基礎を発展させたところ、また、なぜそうしたのかという理由についても語れるようにしよう！

17

- 「小論文試験で出題された将来なりたい職業の問題点と解決策の文章題について」　　　　　　　　　（専修大・法学・法律）

先生の一言アドバイス

　小論文の試験中に、出題された文章内容をしっかり把握することに努めよう！

18

- 「高校生活であなたが頑張ったことは何か？」

（早稲田大・教育・英語英文）推薦

先生の一言アドバイス

　できるだけ自分が具体的なアクションを起こした事柄について語ろう！失敗を伴った場合は、そこからの気づきや学びも伝えられるようにしよう！

19

- 「高校時代に力を入れた活動は？　そこから学んだことは？」

（武庫川女子大・生活環境・食物栄養）推薦

先生の一言アドバイス

　人と共に活動することの大切さを感じたエピソードや、課題解決学習において理科的視点で仮説を立て考察・検証を行って学んだことなど、具体的に答えよう！

20

● 「苦手科目と得意科目は？」

　　　　　　　　　　（国際医療福祉大・小田原保健医療・理学療法）推薦

先生の一言アドバイス

　苦手科目の克服と得意科目の伸長について、具体的にまとめておこう！

21

● 「得意科目を学んでいて感動したことはあるか？」

　　　　　　　　　　　　　　（明治大・理工・電気電子生命）総合

先生の一言アドバイス

　自分の得意科目や分野については、その科目や分野で心を動かされた具体的な体験をあらかじめ想起しておき、語れるようにしよう！

- 「英語をどのように学んでいるか？」

（神田外語大・外国語・英米語）推薦

 先生の一言アドバイス

　自己分析しながら具体的に説明し、英語の中で不得意分野（文法や会話など）があれば、それを克服しようとしている態度を示そう！

- 「あなたの長所と短所は？」

（慶應義塾大・環境情報）総合

 先生の一言アドバイス

　あらかじめ自分の長所と短所を具体的に語れるように準備を！　その際に短所をどのように改善しようとしているのかも端的に語れるようにしよう！

- 「最近のニュースで気になることは何か？」

（女子栄養大・栄養・保健栄養）総合

 先生の一言アドバイス

　新聞などで健康問題や教育関係など、学部（学科）と関連のありそうなニュースについて目を通し、まとめておこう！

- 「理系大学の経営学部で学んだことを職業としてどのように生かせるのか？」

（東京理科大・経営）推薦

 先生の一言アドバイス

東京理科大学での経営学部の存在意義と自己の職業観の重なりをあらかじめ整理しておこう！

- 「どんな薬剤師になりたいか？」　（北海道医療大・薬・薬）総合

 先生の一言アドバイス

学部と将来の職業が直結している場合は、その職における自分の理想とする像をあらかじめ具体的に描いておこう！

- 「本学卒業後に何をしたいか？」

（立命館大・文・人文・東アジア研究学域）総合

 先生の一言アドバイス

入学後に具体的に何を専門にして学び、それを将来どのような職業へと結びつけ、社会で何をしたいのか？　自分なりのビジョンを語ろう！

● 「将来どのような活動をしたいか？」　（甲南大・知能情報）推薦

先生の一言アドバイス

「○○の開発に携わりたい」というように具体的な内容を答えると共に、その理由を語れるようにしよう！

● 「大学で何を勉強し、それによってどう社会に貢献していきたいか？」　（東京工科大・コンピュータ・サイエンス）総合

先生の一言アドバイス

オープンキャンパスに参加し、印象に残った研究内容などから回答できるように準備しよう！

● 「自己アピールと志望理由を話してください」

（立教大・法・国際ビジネス法）推薦

先生の一言アドバイス

エントリーシートの活動報告書の部分などコピーを読み込んで、自分が柱にした事柄を元にして語ろう！　答えたことについてさらに深堀りされてもいいように準備しよう！

31

- 「本学にこんな生徒が入学したらより良くなると思われるような自己アピール」 （近畿大・国際・グローバル）総合

先生の一言アドバイス

学究的態度が身についていることと、一つの価値観に縛られずに、視野を広げようとする柔軟さがあることを具体的にアピールしよう！

まだある実例／小論文などに関する質問

- 試験全体の感想。課題文の内容は何か。部活と関連させて。
  〈都留文科大・初等教育 総合〉

- 先ほどの筆記でわからなかった語句はなかったか。それについてどうしたか。休み時間に調べたか。 〈上智大・新聞 推薦〉

- 面接前に指定されたもので40分でプレゼン資料作成→それについての質問 〈東工大・第2類 総合〉

- 先ほどの（課題となっていた）プレゼン内容を、あなたの将来とどのように結びつけたいか。 〈同志社大・商学 総合〉

- ○○とはいったいどういうものか。問題点は何か。○○についてあなたはどう思うか。 〈立命館大・法学 総合〉

  ＊○○には、選挙制度、社会保障制度、男女雇用機会均等法などの制度や法律が入る。

- 小論文の内容を説明してください。 〈関西大・文 総合〉

- 地球外生命体の存在について信じているか。自分と反対の意見の人に対して反論してみてください。 〈東京都立大・放射線〉

5
大学別質問リスト

- 六つの小作品から一つを選んで音読→選んだ理由、音読で気をつけたこと、感想、この先はどう展開するか。

〈千葉大・国語科専修 総合〉

- 小論文の題とドイツ文学は、どのように関連すると思うか。

〈明治大・ドイツ文学 推薦〉

- 学科試験（ペストについての英文）の内容の要約を、日本語で簡単に説明してください。人々はどうしたか。地主は何をしたのか。ペストについて知っていたか。簡単だったか。　〈上智大・英文〉

- 前日の実験についての質問。直前に書いた自己推薦文についての質問。体験についての質問。　〈金沢大・薬創薬 総合〉

- 2次試験で作成したフィールドワークに関するレポート作成についての質問。　〈立命館大・地域研究学域 総合〉

- 今回の小論文、三つの中で特によく書けたと思うところは、どのように論じたのか。　〈九州大・生物資源環境 総合〉

- 小論文問題の資料7（自宅で最期を過ごせるための必要な条件）を見て、あなたはどう思うか。　〈福岡県立大・看護学科 推薦〉

2) 大学ごとの質問&一言アドバイス…学部・学科編

● 「何を中心に学びたいか？」　　　　（聖心女子大・文学）総合

 先生の一言アドバイス

　オープンキャンパスなどでシラバスを把握しておくことが大切。専攻に分かれる3、4年次を想定して、具体的な志望専攻や学びたい分野についてそのおおよそを、理由と共に語れるように準備しよう！

● 「大学入学後にしたいことは何？」

　　　　　（名古屋外国語大・外国語・英米語）推薦

 先生の一言アドバイス

　エントリーシートに書いた「入学後にしたいこと」のコピーをよく読み込んでおこう！　また、面接前に新しいことを思いついた場合、さらに追加してもOK！

34

- 「入学してからの学びの計画はあるのか？」

(京都産業大・文化・国際文化) 総合

 先生の一言アドバイス

学部（学科）の特徴と志望理由書を下敷きにして、自分なりの学習計画の柱を示そう！

35

- 「今後の活動の計画は？」　　　(中央大・経済・国際経済) 推薦

 先生の一言アドバイス

オープンキャンパスでの説明を元に、「入学後のフィールドワークで、どのような調査を行いたいのか？」、また、「書物等での学習としてどのようなことが自分に必要なのか？」という2点を述べよう！

36

- 「今自分に不足していて、大学で身につけたいことは何？」

(四天王寺大・教育・小学校幼児保育) 推薦

先生の一言アドバイス

　学究的態度を示そう！　専門性やコミュニケーション力などを、具体的な
エピソードと共に伝えよう！

37

- ●「入学後に学びたいことと、卒業後のビジョンは？」

（亜細亜大・経営・ホスピタリティマネジメント）推薦

先生の一言アドバイス

　英語などの基礎科目をマスターすることやホスピタリティマネジメント学科
に関連する職業、インターンシップについて、具体的に語ろう！

38

- ●「あなたがその夢をもったきっかけは？」

（東京農業大・農・農）推薦

先生の一言アドバイス

　夢と共に、それを好きになったきっかけも具体的に語れるようにしよう！

39

- ●「あなたのストレス解消法は？」　（昭和大・保健医療・看護）推薦

 先生の一言アドバイス

　将来、看護職に就き感じるかもしれないストレスについて予想しつつ、その解消法を考えておこう！

　● 「人と接するときに気をつけていることは何か？」

（愛知医科大・看護・看護）推薦

 先生の一言アドバイス

　看護師としての適性や可能性を、コミュニケーションの視点から問われた時に、具体的に答えられるように準備しよう！

　● 「つらいときにそれをどう乗り越えるか？」

（東北福祉大・健康科学・保健看護）総合

 先生の一言アドバイス

　自己の振り返りと他者の力を借りることの大切さの、二つをポイントにしよう！

42

● 「読書について。高校3年間で本を何冊読んだか？　どのジャンルか？　印象深い本は？」

（東北福祉大・文・英文）総合

 先生の一言アドバイス

文系の志望者は、自分の読書量と嗜好などを答えられるようにしよう！

43

● 「最近、経済に関する出来事で注目していることは何か？」

（上智大・経済・経済）推薦

 先生の一言アドバイス

　普段から経済関係のニュースを気にかけるようにしよう！　なぜ、「注目」しているのか？　その理由を具体的に語れるようにしよう！

44

● 「今後、日中関係をどのように改善すべきか？」

（愛知大・現代中国）総合

先生の一言アドバイス

　時事問題についても日本や中国の立場だけでなく、グローバルな視点で語れるようにしよう！

● 「18歳選挙権についてどう思うか？」

（専修大・商・マーケティング）推薦

 先生の一言アドバイス

　その年のタイムリーな時事問題を事前にチェックして、具体的に答えられるような準備をしよう！

● 「作業療法の分野を知っているか？」

（健康科学大・健康科学・作業療法）推薦

 先生の一言アドバイス

　さらに「精神療法分野のあることを知っているか？」などと細かく突っ込まれることがあるので、学部（学科）に関係する分野についてよく検討しておこう！

● 「チーム医療についてどう思うか？」

（群馬パース大・保健科学・検査技術）総合

先生の一言アドバイス

現在のチーム医療体制についてどのようなものか、理解したことや疑問点をまとめておこう！

48

● 「赤十字ではどんなことを行っているか？」

（日本赤十字秋田看護大・看護）推薦

先生の一言アドバイス

大学の背景にある母体やその活動について、あらかじめよく理解しておこう！

49

● 「認知症についてどのように考えているか？」

（関西学院大・人間福祉・社会福祉）総合

先生の一言アドバイス

少子高齢化社会の中でクローズアップされている福祉にからむ時事問題については、あらかじめノートなどに整理して語れるように準備しよう！

- 「数学と物理はなぜ必要か？」

（東京電気大・未来科学・ロボット・メカトロニクス）推薦

先生の一言アドバイス

オープンキャンパスの説明会・展示会・講義に必ず参加し、自分が高校で習ったことの、どの分野の知識などが入学後も必要になるのかについて、学んでこよう！

- 「身の回りの微生物で知っていることは？」

（日本大・生物資源・応用生物）推薦

先生の一言アドバイス

志望学部（学科）に関する、高校での基本的な既習内容については復習しておこう！

- 「なぜ放射線学科を選んだのか？」「WHOとは？」

（駒澤大・医療健康科学・診療放射線技術）推薦

先生の一言アドバイス

　志望学科については具体的な志望理由を簡潔に述べよう！　医療に関わる基本的な用語、既習の用語は復習しておこう！

53

- 「海洋資源などは好きか？」「大学の魅力は？」

（東海大・海洋・海洋地球科）総合

先生の一言アドバイス

　とても好きであるという感情を述べたあとに、その理由を具体的に言えるように準備しよう！　また、自分の興味のある研究がその大学でなされているか調べておこう！　さらに、大学の特徴である実験・実習の多さと、「科学」を学べる環境が整っていて「科学」の本質を追究できることなどを調べ上げて語ろう！

54

- 「生活の中で自分が経済と関わっているなと思ったことはあるか？」

（立命館アジア太平洋大・経済・国際経済）推薦

先生の一言アドバイス

　学部・学科の特性をあらかじめ把握しておき、生活の中での身近な経済活動について、エピソードと共にまとめておこう！

55

- 「あなたが好きな建築物は？ それを作った人は誰？」

（日本大・生産工・建築工）総合

先生の一言アドバイス

　志望する分野の憧れの人や物について、具体的に語れるように準備しよう！

56

- 「漢字は好きか？」　　　（大東文化大・文・中国）推薦

先生の一言アドバイス

　好きな漢字について、その成り立ちや部首などをあらかじめ調べておこう！

57

- 「歴史の中でどの範囲が好きか？」　　（龍谷大・文・歴史）推薦

先生の一言アドバイス

　学究的態度を貫こう！　なぜ好きかという理由やエピソードも語れるようにしよう！

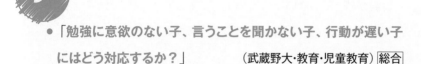

58

- 「勉強に意欲のない子、言うことを聞かない子、行動が遅い子
  にはどう対応するか？」

（武蔵野大・教育・児童教育）総合

先生の一言アドバイス

　教育学部志望なら、理想の教師像が回答の柱となります。そこから、対応
が困難だと想定される児童・生徒にどう対処したらいいかを答えよう！

59

- 「日本の英語教育の問題点は何か？」

（同志社大・グローバル・コミュニケーション・英語）推薦

先生の一言アドバイス

　自分の体験から語れるようにしよう！　また、どうすればそれが改善され
るかという点についても言及しよう！

> まだある実例／学部・学科編

- 数学は得意か。／あなたがつくったものを世界に公表するとした
  ら、どのような点に気をつけるか。／自分の興味・関心に影響を
  与えた本はあるか。　　　　　　　　　　　〈筑波大・情報 総合〉
- 教育の格差についてあなたが思う対処策は何か。／研究を進め
  る上での言語学についてどう思うか。　　　　〈筑波大・教育 推薦〉

- 資料が残っていない場合の研究方法としてどんなことが考えられるか。／メディアの進化と言葉の変遷にはどんな関係があるか。

  〈筑波大・史学 推薦〉

  ↑専門分野における興味・関心があることを伝える（DVDを参照してください）。

- 教師を目指す前に描いていた将来像は何か。

  〈横浜国大・学校教育 推薦〉

- 部活動でつらかったことは何か。／尊敬する企業や企業人は何（誰）か。

  〈横浜国大・経営 推薦〉

- 部活動で大切にしたいことは何か。／苦手教科は何か。推薦に合格する自信はあるか。

  〈一橋大・商学 推薦〉

- 教員になって大切にしたいことは何か。／児童の中には専門的なことに詳しい子もいる。そんな子に質問されて答えられないような、あなたが苦手とする分野はあるか。

  〈東京学芸大・ものづくり 推薦〉

- 海と関わる機会はあったか。／他大学と本学とのオープンキャンパスの違いは何か。／学びが偏らないように工夫したことはあるか。

  〈東京海洋大・海洋環境 推薦〉

- なぜ医学部や薬学部ではなく、本学の学科なのか。

  〈東京農工大・生命工学 推薦〉

- ダーウィンの残した偉業について考えるところは何か。

  〈東京工業大・第7類 総合〉

- あなたが考えるドイツ人とはどういうものか。

  〈明治大・ドイツ文学 推薦〉

● 好きな英文学作品のあらすじと見解はどういうものか。

〈明治大・英米文学 推薦〉

● 読書習慣はあるか。／印象に残っている国語教材は何か。

〈早稲田大・国語国文 総合〉

● 国際交流の経験はあるか。／将来どこで働きたいか。

〈早稲田大・社会科学 総合〉

● 推薦入試に落ちた場合はどうするのか。／子ども時代に感じた
身の回りの化学はどんなものか。　〈埼玉大・基礎化学 推薦〉

● 記憶喪失になって言葉も通じない街中にいるとしたら、あなたは
どうするか。／英語以外に進みたいコースは考えているか。／日
本語が論理的であることの説明。　〈静岡大・言語文化 推薦〉

● 信州の印象はどんなものか。／固定資産税が人によって異なる
ことを知っているか。　　　　　　〈信州大・経済 推薦〉

● 心理学以外に読んだ本や映画はあるか。

〈名古屋大・人文 推薦〉

● 環境問題を解決するために、社会学ではなく工学を選んだ理由
は何か。／自分がやりたいこと以外にもう一つできるとしたら何
がやりたいか。　　　　　〈名古屋工業大・創造工学教育 推薦〉

● オープンキャンパスの感想はどんなものか。／英語は得意か。／
自分を高めるための工夫はどんなものか。

〈豊橋技術科学大・機械工学 推薦〉

● スポーツのどれかを物理的に説明しなさい。

〈岐阜大・工学 推薦〉

- 開業したら何人ぐらいで働きたいか。／動物の病気で知っている

  ものは何か。　　　　　　　　　　　　〈岐阜大・共同獣医 推薦〉

- ○○県でテロが起きた場合、経済的な面でどうなるか。／最近

  の気になる話題を二つ。　　　　　　　　　〈富山大・経営 推薦〉

- コミュニケーション力がつくと思われる小学校での授業や学校外

  活動は何か。／現代の小学校で推薦すべきあなたが読んだ本と

  その理由は何か。　　　　　　　〈京都教育大・学校教育教員養成 推薦〉

- 今まで教育や福祉について行ってきたことは。／どの分野で働

  きたいのか。／スクールカウンセラーとスクールソーシャルワー

  カーとの違いは何か。　　　　　　　　〈大阪府立大・地域保健 推薦〉

- 20個提示された中から3個を選び、自分の性格を説明。

  　　　　　　　　　　　　　　　　　　　〈同志社大・商学 総合〉

- 第二言語は何か。／まだ書類や面接でアピールしきれていない

  ことがあると思うが、何か。／控え室で何を考えていたか。

  　　　　　　　　　　　　　　　　　　〈同志社大・文化情報 総合〉

- 子どもがあなたの授業を面白くないと言ったらどうするか。／体

  験授業が増えているが、なぜか。

  　　　　　　　　　　　　　　　　　　〈関西学院大・初等教育 総合〉

- 人を思いやることの大切さについて、小学生に伝えるにはどうす

  るか。／小学校と中学校の違いは何か。

  　　　　　　　　　　　　　　　　　　〈広島大・初等教員養成 総合〉

- 看護以外の道を考えたことはなかったのか。／どの病棟で働き

  たいか。　　　　　　　　　　　　　　　　〈神戸大・看護 推薦〉

- 農産物をブランド化するうえで重要なことは何か。／今後の農業についてのあなたの考えはどんなものか。

  〈愛媛大・食料生産 推薦〉

- 地域で起きている問題は何か。その問題に対してどのように関わっていきたいか。　〈愛媛大・産業マネジメント 総合〉

- 日本の農業の問題を三つ挙げてください。／農業経験があるか。

  〈鳥取大・生物資源環境 総合〉

- 第三言語として何を学びたいか。／同性婚について賛否両論の論証。生活保護受給者がパチンコをすることの是非。

  〈九州大・法学〉

- 遺伝子組み換え植物について。　　　〈九州大・生物資源環境〉

- 生物多様性を守るためにどのような活動が行われているか。／やりたいと思っていることの規模はどれくらいか。

  〈九州大・生物 総合〉

- 将来どのようなロボットをつくりたいか。

  〈九州工業大・機械工学 推薦〉

- 農業と漁業の違いについて。　　　　〈長崎大・水産 総合〉

3）大学ごとの質問＆一言アドバイス…**集団面接編**

- 「今まで読んだ本の中で一番印象に残っている本は？（グループ）」

（フェリス女学院大・文・英語英米文）推薦

先生の一言アドバイス

なぜ印象に残ったのか、理由や関連する本についても答えられるように準備しよう！

- 「なぜ本学の本学科を志望したのか？（グループ）」

（西南学院大・経済・国際経済）推薦

先生の一言アドバイス

エントリーシートの志望理由書のコピーを熟読して、あらゆる想定問答をシミュレーションしておこう！

- 「何人ぐらいがあなたの望む職業を目指し、このうちのどれくらいの人がなれるのか？（グループ）」　（麻布大・獣医・動物応用）推薦

先生の一言アドバイス

　卒業後に目指す職業が決まっている場合は、現在の国家試験の合格率や職業の状況について、数字と共に調べておこう！

63

● 「テーマについての自由なディスカッション」

（北星学園大・文・心理・応用コミュニケーション）推薦

先生の一言アドバイス

　司会進行を含むディスカッションのすべてを受験生に任せられた場合は、グループ全体が沈黙してしまいがちです。そんなときにこそ、全体の場を和ませ話しやすい雰囲気を作ることを心がけよう！　また、相手の言うことに相づちを打つなど、反応することを心がけよう！

64

● 「与えられたテーマについての討論（AIの役割についてなど）」

（成蹊大・経済・経済経営）総合

先生の一言アドバイス

　自分の意見と相手の意見との共通点はないか探ったり、相手の意見から自分の考えがさらに良い方向に変化したことはなかったか、自問自答して、具体的にまとめて発言するようにしよう！

65

● 「課題文を読んだあとに健康と社会についてのディスカッション」

（北海道医療大・看護福祉・看護）総合

 先生の一言アドバイス

相手の意見をしっかりと聞いたあとに自分の意見を具体的に述べよう！

66

● 「忘れられる権利をサイトや報道などに適用することの賛否についてのディスカッション」

（中央大・法・法律）推薦

 先生の一言アドバイス

新たな立法や権利獲得などについては、そのメリットとデメリットなどを想起できるように、考える練習を積んでおこう！

まだある実例／集団面接編

● ○○についての是非。賛成・反対両方の立場で意見を述べ、ディスカッションのあとに最終的な自分の意見・立場を述べる。

〈中央大・政治学科 推薦〉

● 資料を読んだあとに三つ質問をされ、その後グループでディスカッション。3名で意見をまとめ、代表者一人が面接官に向けて発表する。

〈国際基督教大 総合〉

Ⅱ章　どんな質問をされるのか

- 日本を観光立国にすることについて受験生7名で議論。／資料のように鯨や犬を食べる習慣のある国に対して批判する人がいることについて、どのように応答すべきか。

〈慶應義塾大・法律 総合〉

4) 大学ごとの質問&一言アドバイス…不意をつく質問編

- 「大学で受けたい講義は何？」

（駒澤大・グローバルメディアスタディーズ） 推薦

先生の一言アドバイス

事前にオープンキャンパスに参加し、シラバスを確認しよう！

- 「最後にこれだけは言っておきたいということはありますか？」

（関西大・システム理工・物理・応用生物） 推薦

先生の一言アドバイス

　自己アピールの機会にしよう！　また最後は「時間をかけていただきありがとうございました。勉強になりました。この経験を今後に生かしていきたいです。」という感謝の気持ちと学究的態度で締めよう！

● 「好きな音楽は？」　　　　　　（東京経済大・コミュニケーション）[総合]

 先生の一言アドバイス

　志望理由書に音楽について記述していれば、それについて聞かれる可能性があります。好きな楽曲の「歌詞のどこが良いか？」「キャッチコピーを作れるか？」など、派生する質問にも対応できるように準備しよう！

● 「異文化理解が不可能な状況になったらどうする？」

（獨協大・国際教養・言語文化）[推薦]

 先生の一言アドバイス

　「どうしてそうなったのか、まずは原因を調べたい。」などのように、常に学究的態度を貫こうとしていることを、具体的に示せるようにしよう！

● 「合格したら必ず入学するか？」

（福岡大・人文・東アジア地域言語）[推薦]

 先生の一言アドバイス

　絶対に入学すると相手が確信するような入学後のビジョンを、具体的に語ろう！

72

● 「コミュニケーションは大切だと思うか？」

（工学院大・情報・情報デザイン）推薦

 先生の一言アドバイス

なぜコミュニケーションが大切なのか、少し長くなってもいいので、自分の
これまでの経験を振り返りつつ、語れるように準備しよう！

73

● 「なぜ作業療法士（理学療法士）なのか？　受かったら1番目は
誰に、2番目は誰に知らせたいか？」

（大和大・保健医療・看護・作業療法学）推薦

 先生の一言アドバイス

作業療法士（理学療法士）になりたいという明確な意志と理由を示せるよ
うにしよう！　また、なぜその人に知らせたいのかについてのエピソードも
語れるようにしよう！

> まだある実例／不意をつく質問編

● 部活動から学んだことは何か。／どこの県で教員になるか。／ど
こへ留学したいか。日常生活でどのように英語を使うよう努力し
ているか。　　　〈都留文科大・初等教育・英文 総合〉

- あなたの出身地は。函館の印象は。／水産学部の四つの学科の中で入りたいのはどこか。　〈北海道大・水産 総合〉

- なぜ医者ではなく看護師なのか。／なぜ秋田なのか。どこに住むか。雪国での一人暮らしは大丈夫か。体力に自信はあるか。親は賛成か。　〈秋田大・看護学 推薦〉

- 自分をどのような性格であると思うか。／夏休みの課題はどうやって終わらせるタイプか。すぐ実行に移すか、計画を練ってから実行するか。／法律を扱う上で、司法と行政の違いは何か。　〈東北大・法 総合〉

- 小学生について、今問題だと思うことは何か。／好きな作家は誰か。／フィクション系とそれ以外のもので、それぞれ印象に残っている作品は何か。　〈千葉大・国語科専修 総合〉

- 本学まで遠くないか。／物理ではなく生物を選択した理由は何か。／4月までどのように過ごすか。／通っている学校はどんな学校か。／今日の面接は百点満点中何点か。〈東京都立大・放射線〉

- 将来について、夢の実現のために具体的にどのようなことを行っているか。／最も印象に残った実験は何か。／入りたい研究室はどこか。／総合入試対策として何をしてきたか。　〈お茶の水女子大・言語文化 総合／生物 推薦〉

  ↑実験や研究室に関する質問には、専門分野に対して高い関心をもち、その分野の勉強について考えたことを具体的に答える。

- 自分が考えた企画をどうやってものにするのか。どう売り込むのか。　〈立教大・観光 推薦〉

- 面接練習や小論文練習をどれくらいしてきたか。

  〈上智大・心理 推薦〉

- 興味のある社会問題は何か。／自分の高校を紹介してください。／早稲田は受験するのか。／なぜ東京なのか。／仕事に就いてからしたいことは何か。／どのような本を読み、それに対する自分の意見はどんなものか。　〈慶應義塾大・法律・政治 総合〉

- あなたは○○についてどのような問題意識をもち、具体的にどのように解決しようとするのか。　〈慶應義塾大・総合政策 総合〉

  ↑テーマは年度ごとに異なるので予想はしない。あくまでも自分の学究的態度を伝える。

- 自分に足りないと思うことはどんなことか。それについてどのような対策をとるのか。　〈青山学院大・マーケティング 総合〉

- 委員長などリーダー的存在として苦労したことはあるか。

  〈名古屋市立大・国際文化 推薦〉

- 大人になるとはどういうことか。　〈愛知県立大・看護 推薦〉

- 周りの友達のあなたへの評価はどのようなものか。

  〈岐阜薬科大・薬学 推薦〉

- 人生で一番うれしかったこと、苦しかったことは何か。

  〈三重大・資源循環 推薦〉

- 学校でどういうことをして過ごしているか。／留学について親は何と言っているか。／行ったことのある国の印象について。／どんな国際問題に興味があるか。

〈同志社大・グローバルコミュニケーション・グローバル地域文化 推薦〉

- 留学先でどんな経験をしたか。／英語を学ぶきっかけは何だったか。 〈関西学院大・国際 総合〉
- 自分の周りの大人について、おかしいと思ったことはあるか。 〈関西学院大・日本文学日本語 総合〉
- 部活動は大学でも続けるか。／通学時間はどのくらいか。 〈関西大・人間健康 総合〉
- 自分がキャプテンと仮定して、試合前に全員のモチベーションを上げるために何を言うか。／どのようなボランティア活動をしたいか。 〈神戸大・人間行動 総合〉
- 体験授業の講義で印象に残っていることは何か。／勉強する際に工夫したことは何か。／今までで一番うれしかったことは何か。／英語は得意か。 〈長崎大・総合経済〉

5) 大学ごとの質問&一言アドバイス…**英語編**

※英語での面接における質問を紹介します。

- 「なぜ本学に興味をもったのか？（英語）」

（西南学院大・文・英文）推薦

先生の一言アドバイス

　オープンキャンパスなどで感じた大学の特徴をいくつか挙げ、それと自分との接点を英語で言えるように準備しよう！

- 「英語の勉強方法は？（英語）」

（明治学院大・国際・国際キャリア）総合

先生の一言アドバイス

国際キャリア学科に進むための勉強法を、簡潔かつ具体的に英語で語ろう！

- 「趣味は何か？（英語）」

（早稲田大・文化構想・国際日本文化論プログラム）総合

先生の一言アドバイス

その趣味はいつから（きっかけ）、なぜ続けているのか（理由）、を聞かれても答えられるように英語で準備をしよう！

- 「どこの国に、なぜ留学したいのか？（英語）」

（同志社女子大・学芸・国際教養）総合

先生の一言アドバイス

その国で過ごすことによって、具体的に何を身につけたいのかを相手に伝わるように英語で表現しよう！

6

面接時のNG回答例

　面接での不適切な答え方を集めたNG回答例には、いくつかの共通点があります。よくあるのが、結論を先に言わずだらだらと話す、具体性がない、どこかの本などから引っ張ってきたような答え、などです。また、ここに挙げられているような口語的なくだけた言い方で話すことは厳禁です。

　では具体的にどのような回答をすると不合格になってしまうのかについて、例を挙げながら確認していきましょう。

なぜ、この学科（専攻）なのですか？

NG Answer

> はじめは▲▲もいいかなと思っていて、あと、高2ぐらいから■■も好きになって、けど、やっぱ●●が一番面白いし、自分、やれそうって思ったんで、この学科です。

NGくん

> 私がいつも思い描いていた世界は、みんなと仲良くなれる世界でして、そうなるには何が必要かなって思ったときに、まず●●について勉強するってことがいいことじゃないかと思うようになって、結局●●の前に■■を勉強すれば、思っていた世界にたどり着けると考えました。

NGさん

先生の一言アドバイス

1文をだらだらと話さない！　まず結論を述べてから、理由を簡潔に
話す。

02 1日目（午前中）の試験はどうでしたか？

NG Answer

はい。完璧に近い形でやれました。案外自信あり、です。

NGくん

はぁ、まったくできなかったです。落とされても、次、頑張ります。

NGさん

 先生の一言アドバイス

漠然と過大評価や過小評価をしない！　「出題された内容のここに
ついて勉強不足だったので、試験後調べました」など、常に学究的態
度を示す。

03 あなたの長所・短所は何？

NG Answer

長所はやっぱし、頑張れるところで、短所は短気なところです、たぶん。

NGくん

> 私の長所は人に優しくしてあげることで、よく友達なんかを助けてやったりします。短所は優しすぎるところかな、よくわかりません。
>
> NGさん

 先生の一言アドバイス

曖昧な言い方や人ごとのような言い方はしない！
上から目線で人のことを語らない！

最近気になるニュースは何ですか？

NG Answer

> スポーツはオリンピックで、芸能はAKB総選挙です。他もいいですか？　あっ、了解です。
>
> NGくん

> はい。今のところ、特にありません。昔ならあったのですが。昔でもいいですか？
>
> NGさん

 先生の一言アドバイス

余計なことは言わない！　聞かない！　ニュースの内容は、スポーツや芸能ではなく社会問題、国際問題などが望ましい。できれば自分の志望学科につながる話題を選ぶ。

大学卒業後は何がしたいですか？

NG Answer

すいません。したいことはまだないかもです。

NGくん

はい。私はまずは卒業できることを目標にしたいと考えます。あと、卒業後勉強を続けたいと考えます。あと、私は大学院も考えてます。

NGさん

 先生の一言アドバイス

「したいことがない」は論外。また、ただの思いつきでその場をごまかさない！

本学部で何を中心に学びたいですか？ それはなぜですか？

NG Answer

××やって、あと、●●やって、それで▲▲やって、そのあとに■■やって、いろいろ頑張りたいです。

NGくん

えっと、ちゃんと英語を勉強し直して、ちゃんと基礎力をつけてから、そのあとどの道に進むか、このあとちゃんと考えます。

NGさん

 先生の一言アドバイス

それほど「ちゃんと」考えてもいないのに適当に答えない！　学びたいことは具体的に語れるように、事前の準備は当たり前。

なぜ、●●（職業）になろうと思うのですか？

NG Answer

親から安定した職業に就け、とよく言われていて、たしかに現実問題として、将来生活が安定しないと困るので、その点、親と意見が一致してこの仕事ならけっこう安心できると思いました。

NGくん

ちっちゃい頃からのあこがれで、ちっちゃい頃から絶対になりたいって思っていたし、親や友達なんかも絶対に向いてるって言ってくれてたし、だから、なりたいと思い続けていたっていうのが正直、正解です。

NGさん

 先生の一言アドバイス

「やりたいから」「なりたいから」だけで済まさない！　それが一時的な感情ではないことを示すため、その気持ちをどう行動に移してきたかを語れるようにしておくこと。

●●（職業）に
必要な力（資質）は何ですか？

NG Answer

普通に、努力することだと思います。なんでも努力しなきゃ結果は得られないんで、正直、普通に努力すればいいと思います。

NGくん

私的には、愛情なんかもありかな、って思いますが、それは人それぞれで、力っていうか、性格なんかもあるんで、個人的に最終的には、能力が大事なんじゃないかな、と考えます。

NGさん

 先生の一言アドバイス

根性論や理想を語って終わりにしない。具体的にその力をつけるためにどんな努力を重ねてきたか答えること。

あなたはなぜ
●●に興味をもったのですか？

NG Answer

昔っからすごい好きで、それと▲▲もすごい好きなんで、両方とも好きなんで将来、そればっかやれたらいいなと考えました。

NGくん

> 正直、それほど興味があったわけじゃないんですけども、でも、正直、他にこれといったものもなかったんで、なんとか今まで続けてこれたかなってのが、正直、そうです。

NGさん

 先生の一言アドバイス

「好きだから」だけでは理由にならない。相手に伝わることのないであろう自分の感情をだらだらと言わない！　消去法で選んだという理由も論外。

なぜ専門学校ではなく四大志望なのですか？

NG Answer

> 専門は就職が良くないって聞いたことがあるし、自分もある程度の学歴ないと社会に出てから困ると思ったからです、かね。

NGくん

> やっぱ、専門はキャンパスないし、私にとってはつらいです。できるなら大学生活やバイトを楽しみたいのが正直、ホントです。

NGさん

 先生の一言アドバイス

専門学校の短所をあげつらわない！　四大の良さを就職に有利などの不確かな情報で理由づけしない！　学業以外のことを志望理由にしない！

Q11

あなたは●●分野の本を 読んだことがありますか?

NG Answer

たぶんないです。ないから大学入って勉強したいんですけど。

NGくん

▲▲と■■と●●は読んだかもしれませんが、関係ありますかねぇ?

NGさん

先生の一言アドバイス

「ある」「なし」を聞かれているのに、それ以外の余分な付け足しをしない!

Q12

●●の分野で 最近注目していることは何ですか?

NG Answer

はぁ、えっと、特に今ないっす。

NGくん

う〜ん。なんか微妙なんですが、いいですかねぇ。それって〇〇です。

NGさん

先生の一言アドバイス
適当にその場をごまかさない！ 自分の志望分野に関するニュース
は、あらかじめ調べておき、答えられるようにしておく。

Q13 入学後にどのゼミ（先生のもと）で 勉強したいですか？

NG Answer

ゼミって正直わからないんで、部活でもいいっすか？

NGくん

私は特に勉強って自分でするものだと考えてるんで、だから、自分でやります。

NGさん

 先生の一言アドバイス
学業以外の答えは論外。また、「自分で勉強する」なら大学に入学する
意味もないのでNG。

Q14 本大学に、あなたはどのような形で 貢献できますか？

NG Answer

自分、運動得意なんで、なんかサークルに入って頑張ろうと思います。

NGくん

> えっと、私は中学から高校もですが、ずっと演劇部に入っていて、演じるのは好きで演出もやったことあって、でも大学は演劇とかじゃなくて、初めて何かに挑戦したいと思っていて、できればみんなと頑張ります。

NGさん

 先生の一言アドバイス

だらだらと意味なく話さない！ また、学業以外の答えはNG。「えっと」「とか」などの砕けた言葉遣いもしない。「自分」は改まった場ではふさわしくない。

成績が良いのになぜ推薦（総合）なのですか？

NG Answer

> 最近の模試の成績が悪くて、担任から勧められたからです。

NGくん

> 私の学校バカなんで評定とるのは簡単でした。一般じゃ、とても無理なんで受けました。

NGさん

 先生の一言アドバイス

たとえ事実であっても「成績が悪いから」は絶対NG。「自分の熱意を直接伝えられる試験形式だから」などのようにポジティブな理由を述べること。また、「誰かに言われたから」というような、相手に自主的ではないと映るような受け答えはしない。

●●（英語）の成績が良くないのは なぜですか？

NG Answer

中2の時の英語の授業が嫌いでした。それからずっと嫌いです。

NGくん

塾に通って勉強したんですけど、センスなくてずっとできないんです。それって問題ありですか？　落とされますか？

NGさん

 先生の一言アドバイス

好き嫌いやセンスの有無など、自分の勝手な感覚で言わない！　「苦手なりにこう取り組んできた」という前向きな態度を示すこと。

ここまでどうやって来ましたか？

NG Answer

あっ、徒歩です。タクシー拾えなかったんで。

NGくん

はい。ママと来ました。

NGさん

先生の一言アドバイス

何気ない質問のように聞こえるが、実は大切な質問。これによって受験生の説明能力を見極めている可能性が高いので、短すぎず、長すぎずきちんと答えること。そのような意図をくめていない受け答えはアウト！

Q18 聞いておきたいことは何かありますか？

NG Answer

> えっ、別にありません。

NGくん

> そうですねぇ。女子トイレは多いですか？

NGさん

先生の一言アドバイス

大学に対する熱意を伝えるチャンスなので、「ありません」は論外。また、学業以外の、聞いてどうするの？という内容の質問はしないこと！

Ⅲ章

面接
シミュレーション

これまで、さまざまな質問を紹介してきました。ここで、こうした質問を踏まえて、オーソドックスな面接の想定問答を次に挙げますね。ぜひ、キミの面接準備に取り入れましょう。

○受験生　●面接官

○（ノック・入室）「失礼します。」（礼…腰から30度）

●「どうぞ。」

○（イスの横に立つ）

●「受験番号、氏名を言ってください。」

○「はい。○○番、○○高等学校から参りました、○○です。よろしくお願いします。」（礼…腰から45度）

●「着席してください。早速ですが、午前中の試験・小論文はどうでしたか？」

○「はい。～については自分なりにしっかりと記述することができたと思います。しかし、～については、言葉足らずになってしまい、うまく伝えることができなかったのではないかと不安です。」
　↑出来不出来ではなく、具体的にどうであったか答える。

●「今、訂正したいこと、追加したいことがあったら言ってください。」

○「はい、ありがとうございます。私は、～について～ではないかと考えました。それは～だからです。たとえば、～ということがあります。よって、私は～と考えます。そのことを追加したかったです。」
　↑追加したいことをあらかじめ具体的に考えておく。

● 「あなたは、なぜこの学科を志望したのですか？　他大学にも
　この学科はありますが、うちの大学でなければならないような理
　由があるのですか？」

○ 「はい。私は他大学の○○学科についても検討しました。しかし、
　○○大学の○○学科では、他大学にはない～について学べます。
　また、～という制度も○○大学独自のものであり、私はその制度
　を活用させていただき、～したいと考えたからです。」

　↑入学後を想定して具体的に答える。他大学との特徴の相違
　　をあらかじめつかんでおく。

● 「さっき～と言いましたが、～とはどういうことなのか教えてくだ
　さい。」

○ 「はい。私は、～については～だと考えています。そして、～とい
　うことだと承知しています。」

　↑どういうこと？には、より具体的に答える。

● 「あなたは、一般受験ではなくて、なぜこの入試形態で受験しよ
　うと考えたのですか？」

○ 「はい。もちろん私は一般受験でも○○大学を受験します。ただ、
　ペーパー試験では測れない、私の○○や～に対する熱意をお伝
　えして、それを知っていただきたいと思い、出願させていただき
　ました。」

　↑自己アピールしてもOK！

● 「あなたは、本学の建学の精神を理解していますか？」

○ 「はい。○○大学の建学の精神は、～です。それは～ということ
　だと理解しています。」

●「総合型選抜（学校推薦型選抜）はどのような入試制度だと思いますか？」

○「はい。○○大学の建学の精神や教育理念を理解し、アドミッションポリシーにふさわしい人物を選抜する入試制度だと思います。」

↑対象学部の受験形態について、その特徴・目的をあらかじめ調べておく！

●「あなたは、本学本学科のアドミッションポリシーを知っていますか？」

○「はい。建学の精神や教育理念である～に基づいて、～のような人材を求めています。また、○○学科においては、さらに具体的に～できる人物を求めています。」

●「あなたは、本大学のアドミッションポリシーにふさわしい人ですか？」

○「はい。私は、○○ということを経験し、また、○○という思いをもっています。その点アドミッションポリシーにかなう人間であると思います。ぜひ、入学させていただき、自分の○○を生かして大学生活を送りたいです。」

↑自己アピールしてもOK！

●「あなたは、なぜ～について学ぼうと思ったのですか？　何かきっかけがありましたか？」

○「はい。私は、～の頃に～を経験し（または、書物との出合いがあり）ました。その時に～という思いをもつようになったことがきっかけです。そして、その思いは今も変わらず、ますます強いも

のになっています。」

↑**自己アピール**すればよい。

● 「高校時代の経験で、印象に残っていることは何ですか？」

○ 「はい。～です。」

● 「なぜ印象に残っているのですか？」

○ 「はい。～については最初の頃は失敗も多く、～したからです。自分なりに～について普段から～することで、最後に克服できました。心に残る、また、自信につながる経験になりました。」

↑「**なぜ？**」と問われることを想定して具体的な答えを準備する。

● 「何か質問したいことはありますか？」

○ 「はい。3年次の留学制度を利用させていただきたいと考えているのですが、ヨーロッパの対象大学について、現在の4大学から増える予定はあるのでしょうか？」

↑必ず**入学後を想定した質問項目**を準備しておく。

● 「最後に何か言いたいことはありますか？」

○ 「私のような未熟な高校生に対して貴重な時間を割いていただき、ありがとうございました。大変勉強になりました。今日の面接を今後の生活に生かしていきたいと思います。ありがとうございました。」

↑最後まで**学究的態度**を貫く！

● 「以上で面接を終わります。」

○ （起立してイスの横に立つ）「ありがとうございました。」（礼…腰から45度）

（出口前で）「失礼します。」（礼…腰から30度）

　実際の面接がイメージできたでしょうか。次に、面接で答える時の注意点を挙げます。

> 面接に臨む際の注意点

- 覚えてきたことをそのまま言うような話し方はしない。よって、回答を丸暗記する必要はない。ノンバーバル（非言語）コミュニケーションを意識する。自分の素の姿を示せばよい。
- 想定内の質問だとしても、待ってましたとばかりに、すらすらと淀みなく答えない。気持ちを込めて丁寧に話す。
- 相手の質問には、「はい。」と返事して、ひと呼吸おいてからゆっくりと的確に答える。
- 質問が聞き取れなかったり、よくわからなかったりしたら「すみません。もう一度お願いします。」と言う。
- 答えたことについて面接官が反論してきても、「でも・しかし」などの相手の意見を否定する言葉は決して使わない。「はい。確かにおっしゃるとおりだと思います。私の考えはまだまだ未熟です。ただ、〜については〜なので、〜だと考えていました。もう一度考えてみたいと思います。」といった、相手のことを認める言葉のキャッチボールを心がける。
- 聞かれたことに対して素直に答える姿勢を貫く。客観的な事実（体験）などを伝える。

- 大学に対して「貴学」という言葉は使わない。あくまでも固有名詞の「○○大学」と呼ぶ。法人名「〜学園・〜法人」などは必要ない。大学名だけでよい。（面接官によっては、「うちは貴学という名前の大学ではない」と訂正された方も過去にいらっしゃいました。）

ゼロから逆転合格！

総合・推薦入試 面接

面接DVD ＆ サクセスノート つき

制作スタッフ

イラストレーション
岡村亮太

ブックデザイン
木庭貴信、角倉織音
（OCTAVE）

編集協力
鈴木瑞穂、佐藤玲子、宮崎史子

DVD制作
ジャパンライム株式会社

データ作成
株式会社 四国写研

印刷所
株式会社 リーブルテック

総合推薦入試
面接
ゼロから逆転合格！
面接DVD
＆
サクセスノート
つき

ゼロから
逆転合格！

サクセス
ノート

目　次

面接準備の前に…
エントリーシートの振り返り

面接までに、提出した志望理由書・自己推薦書・課題レポートを振り返って、本番の面接に備えよう！

本冊 P.013参照 ➡

振り返り1

内容ピックアップ　面接官の目に留まりそうなポイントのピックアップ

....

....

....

想像できる突っ込み　面接官の質問を予想してみる

....

....

....

受け答え内容　どのような受け答え内容にするかメモしてみる

....

....

....

振り返り2

内容ピックアップ　面接官の目に留まりそうなポイントのピックアップ

想像できる突っ込み　面接官の質問を予想してみる

受け答え内容　どのような受け答え内容にするかメモしてみる

質問の的を射る応答のための材料集め

本冊
P.038参照

a 大学・学部・学科のアドミッションポリシー（AP）や建学の精神などと、自分との接点（具体的に）

b これまで何を学び、何を乗り越えてきたのか？　何を達成したのか？（具体的に）

c 高校生活の具体的な振り返り

d 高校での自分の取り組み・アクションについての具体的な自己評価

e 大学で具体的にやりたいことの整理（複数ある場合は優先順位をつける）

f 30秒くらいにまとめた自己PR

g fの自己PRに加える、これだけは誰にも負けないという自分だけの具体的な魅力（一つ）

h 自分の興味・関心のあることについての裏付けとなるアクション

質問1

本冊
P050参照

なぜ、本学を志望したのですか？

面接官

☞ **本冊や志望理由書・自己推薦書・課題レポートの**
　事前チェックをしよう！

　質問1の「的を射た応答をするために…」を参考に自分の答えの柱をメモ

しよう！

....

....

....

....

☞ **志望理由書・自己推薦書・課題レポート・答えの柱などから**
　自分の突っ込みどころを想像しよう！

予想される質問（想像できる突っ込みどころ）

面接官（〜か？）

....

....

....

応答（私の具体的な返し）

私（はい。〜です。）

質問2

本冊
P052参照

なぜ、この学科(専攻)を志望するのですか？

面接官

☞ **本冊や志望理由書・自己推薦書・課題レポートの
事前チェックをしよう！**

質問2の「的を射た応答をするために…」を参考に自分の答えの柱をメモ

しよう！

....

....

....

....

☞ **志望理由書・自己推薦書・課題レポート・答えの柱などから
自分の突っ込みどころを想像しよう！**

予想される質問（想像できる突っ込みどころ）

面接官（～か？）

....

....

....

応答（私の具体的な返し）

私（はい。〜です。）

本冊
P054参照

質問3

本学部（学科）のアドミッションポリシーは
何ですか？

面接官

 本冊や志望理由書・自己推薦書・課題レポートの
事前チェックをしよう！

　質問3の「的を射た応答をするために…」を参考に自分の答えの柱をメモ

しよう！

 志望理由書・自己推薦書・課題レポート・答えの柱などから
自分の突っ込みどころを想像しよう！

予想される質問（想像できる突っ込みどころ）

面接官（〜か？）

応答（私の具体的な返し）

私（はい。〜です。）

質問4

本冊
P056参照

1日目（午前中）の試験はどうでしたか？

面接官

☞ **本冊や志望理由書・自己推薦書・課題レポートの
事前チェックをしよう！**

　質問4の「的を射た応答をするために…」を参考に自分の答えの柱をメモしよう！

....

....

....

....

☞ **志望理由書・自己推薦書・課題レポート・答えの柱などから
自分の突っ込みどころを想像しよう！**

予想される質問（想像できる突っ込みどころ）

面接官（〜か？）

....

....

....

応答（私の具体的な返し）

私（はい。～です。）

質問5

本冊
P058参照

高校生活で特に頑張った活動は何ですか？

☞ **本冊や志望理由書・自己推薦書・課題レポートの
事前チェックをしよう！**

　質問5の「的を射た応答をするために…」を参考に自分の答えの柱をメモ
しよう！

....
....
....
....

☞ **志望理由書・自己推薦書・課題レポート・答えの柱などから
自分の突っ込みどころを想像しよう！**

予想される質問（想像できる突っ込みどころ）

面接官（〜か？）

....
....
....

応答（私の具体的な返し）

私（はい。〜です。）

質問6

本冊
P060参照

好きな教科は何ですか？

面接官

☞ **本冊や志望理由書・自己推薦書・課題レポートの**
   事前チェックをしよう！

　質問6の「的を射た応答をするために…」を参考に自分の答えの柱をメモ
しよう！

....

....

....

....

☞ **志望理由書・自己推薦書・課題レポート・答えの柱などから**
   自分の突っ込みどころを想像しよう！

予想される質問（想像できる突っ込みどころ）

面接官（〜か？）

....

....

....

応答（私の具体的な返し）

私（はい。～です。）

質問7

本冊
P062参照

あなたの長所・短所は何ですか？

面接官

☞ **本冊や志望理由書・自己推薦書・課題レポートの
事前チェックをしよう！**

　質問7の「的を射た応答をするために…」を参考に自分の答えの柱をメモ
しよう！

....

....

....

....

☞ **志望理由書・自己推薦書・課題レポート・答えの柱などから
自分の突っ込みどころを想像しよう！**

予想される質問（想像できる突っ込みどころ）

面接官（〜か？）

....

....

....

応答（私の具体的な返し）

私（はい。〜です。）

本冊
P064参照

質問8

最近気になるニュースは何ですか？

☞ **本冊や志望理由書・自己推薦書・課題レポートの**
事前チェックをしよう！

　質問8の「的を射た応答をするために…」を参考に自分の答えの柱をメモ

しよう！

....

....

....

....

☞ **志望理由書・自己推薦書・課題レポート・答えの柱などから**
自分の突っ込みどころを想像しよう！

予想される質問（想像できる突っ込みどころ）

面接官（〜か？）

....

....

....

応答（私の具体的な返し）

私（はい。～です。）

質問9

本冊
P066参照

> 大学卒業後は何がしたいですか？

☞ **本冊や志望理由書・自己推薦書・課題レポートの
事前チェックをしよう！**

　質問9の「的を射た応答をするために…」を参考に自分の答えの柱をメモ
しよう！

....

....

....

....

☞ **志望理由書・自己推薦書・課題レポート・答えの柱などから
自分の突っ込みどころを想像しよう！**

予想される質問（想像できる突っ込みどころ）

面接官（〜か？）

....

....

....

応答（私の具体的な返し）

私（はい。～です。）

質問10

本冊
P068参照

〇分間で自己PR（プレゼン）をしてください。

面接官

☞ **本冊や志望理由書・自己推薦書・課題レポートの
事前チェックをしよう！**

　質問10の「的を射た応答をするために…」を参考に自分の答えの柱をメ

モしよう！

....

....

....

....

☞ **志望理由書・自己推薦書・課題レポート・答えの柱などから
自分の突っ込みどころを想像しよう！**

予想される質問（想像できる突っ込みどころ）

面接官（〜か？）

....

....

....

応答（私の具体的な返し）

私（はい。〜です。）

質問11

本冊
P070 参照

> あなたが本学部(学科)に向いている理由は
> 何ですか？

面接官

☞ **本冊や志望理由書・自己推薦書・課題レポートの
事前チェックをしよう！**

　質問11の「的を射た応答をするために…」を参考に自分の答えの柱をメモしよう！

....

....

....

....

☞ **志望理由書・自己推薦書・課題レポート・答えの柱などから
自分の突っ込みどころを想像しよう！**

予想される質問（想像できる突っ込みどころ）

面接官（〜か？）

....

....

....

応答（私の具体的な返し）

私（はい。～です。）

質問12

本冊
P072参照

本学部（学科）で何を中心に学びたいですか？
それはなぜですか？

面接官

☞ **本冊や志望理由書・自己推薦書・課題レポートの
事前チェックをしよう！**

　質問12の「的を射た応答をするために…」を参考に自分の答えの柱をメ
モしよう！

....

....

....

....

☞ **志望理由書・自己推薦書・課題レポート・答えの柱などから
自分の突っ込みどころを想像しよう！**

予想される質問（想像できる突っ込みどころ）

面接官（〜か？）

....

....

....

応答（私の具体的な返し）

私（はい。～です。）

質問13

本冊
P074参照

あなたのどういったところが、この研究に向いているのですか？
（主に理系難関大学では、理由書に研究についての記述あり）

面接官

☞ **本冊や志望理由書・自己推薦書・課題レポートの
事前チェックをしよう！**

　質問13の「的を射た応答をするために…」を参考に自分の答えの柱をメモしよう！

....

....

....

....

☞ **志望理由書・自己推薦書・課題レポート・答えの柱などから
自分の突っ込みどころを想像しよう！**

予想される質問（想像できる突っ込みどころ）

面接官（〜か？）

....

....

....

応答（私の具体的な返し）

私（はい。〜です。）

本冊
P076参照

質問14

なぜ、〇〇（職業）になろうと思うのですか？

面接官

☞ **本冊や志望理由書・自己推薦書・課題レポートの
事前チェックをしよう！**

　質問14の「的を射た応答をするために…」を参考に自分の答えの柱をメモしよう！

☞ **志望理由書・自己推薦書・課題レポート・答えの柱などから
自分の突っ込みどころを想像しよう！**

予想される質問（想像できる突っ込みどころ）

面接官（〜か？）

応答（私の具体的な返し）

私（はい。〜です。）

質問15

本冊
P078参照

> ○○（職業）に必要な力（資質）は何ですか？

面接官

☞ **本冊や志望理由書・自己推薦書・課題レポートの
事前チェックをしよう！**

　質問15の「的を射た応答をするために…」を参考に自分の答えの柱をメモしよう！

....

....

....

....

☞ **志望理由書・自己推薦書・課題レポート・答えの柱などから
自分の突っ込みどころを想像しよう！**

予想される質問（想像できる突っ込みどころ）

面接官（〜か？）

....

....

....

応答（私の具体的な返し）

私（はい。〜です。）

学部・
学科編

質問16

学部・学科編

質問16

本冊
P080参照

> なぜ、〇〇に興味をもったのですか？

面接官

☞ **本冊や志望理由書・自己推薦書・課題レポートの
事前チェックをしよう！**

　質問16の「的を射た応答をするために…」を参考に自分の答えの柱をメモしよう！

....

....

....

....

☞ **志望理由書・自己推薦書・課題レポート・答えの柱などから
自分の突っ込みどころを想像しよう！**

予想される質問（想像できる突っ込みどころ）

面接官（〜か？）

....

....

....

応答（私の具体的な返し）

私（はい。～です。）

質問17

本冊
P082参照

> なぜ、専門学校ではなく四大志望なのですか？
> （主に看護・保育など専門学校でも
> その資格がとれる学部・学科を対象）

面接官

☞ 本冊や志望理由書・自己推薦書・課題レポートの 事前チェックをしよう！

　質問17の「的を射た応答をするために…」を参考に自分の答えの柱をメモしよう！

....

....

....

....

☞ 志望理由書・自己推薦書・課題レポート・答えの柱などから 自分の突っ込みどころを想像しよう！

予想される質問（想像できる突っ込みどころ）

面接官（〜か？）

....

....

....

応答（私の具体的な返し）

私（はい。〜です。）

質問18

 本冊 P084参照

> 入学後にどのゼミ（先生のもと）で
> 勉強したいですか？

面接官

☞ **本冊や志望理由書・自己推薦書・課題レポートの 事前チェックをしよう！**

　質問18の「的を射た応答をするために…」を参考に自分の答えの柱をメモしよう！

....

....

....

....

☞ **志望理由書・自己推薦書・課題レポート・答えの柱などから 自分の突っ込みどころを想像しよう！**

予想される質問（想像できる突っ込みどころ）

面接官（〜か？）

....

....

....

応答（私の具体的な返し）

私（はい。〜です。）

質問19

本冊
P086参照

> 本学部（学科）に関連する本を
> 読んだことがありますか？

面接官

☞ **本冊や志望理由書・自己推薦書・課題レポートの
事前チェックをしよう！**

質問19の「的を射た応答をするために…」を参考に自分の答えの柱をメモしよう！

....

....

....

....

☞ **志望理由書・自己推薦書・課題レポート・答えの柱などから
自分の突っ込みどころを想像しよう！**

予想される質問（想像できる突っ込みどころ）

面接官（〜か？）

....

....

....

応答（私の具体的な返し）

私（はい。～です。）

質問20

本冊
P088参照

○○の分野で最近注目していることは
何ですか？

面接官

☞ **本冊や志望理由書・自己推薦書・課題レポートの
事前チェックをしよう！**

　質問20の「的を射た応答をするために…」を参考に自分の答えの柱をメ
モしよう！

....

....

....

....

☞ **志望理由書・自己推薦書・課題レポート・答えの柱などから
自分の突っ込みどころを想像しよう！**

予想される質問（想像できる突っ込みどころ）

面接官（〜か？）

....

....

....

応答（私の具体的な返し）

私（はい。〜です。）

質問21

本冊
P090参照

> この資料は何を示していますか？
> （例 この絵を見て気づいたことを教えてください。）
> （例 この資料から〇〇についてどのような傾向が読み取れますか？）
> （例 このグラフを時代背景と共に説明してください。）

面接官

☞ **本冊や自分の志望分野で聞かれそうなことについて
事前チェックをしよう！**

　質問21の「的を射た応答をするために…」を参考に自分の答えの柱をメ

モしよう！

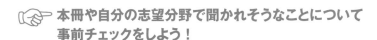

....

....

....

....

....

....

....

....

....

....

　志望大学の過去問などを利用して、練習しておこう！　どんな問題が出題されるかによって答えは変わってくるが、参考までに次のような例を挙げておく。

（※過去問は、オープンキャンパスで入手するか、または直接大学に問い合わせて入手しよう。）

例産業の分類	第1次産業→農業　第2次産業→工業 第3次産業→サービス業　第4次産業→AI
例AIと人間との比較	AI（人工知能）有利→書類作成・記憶・計算 など 人間有利→コミュニケーション能力・発想アイデア・身体性・想像力（直感・五感・感情）
例何年度の資料か？	○○年度の資料から、〜ということがうかがえます。
例年比較は？	2012年から2017年の5年間で、〜という変化がありました。

質問22

本冊
P092参照

○○の理由・原因を説明してください。
（例 このグラフを見て一番大きな変化があったところを一つ挙げ、
考えられる原因を教えてください。）
（例 この資料から○○と△△の違いが生じた理由を説明してください。）
（例 なぜこのような変化があったのですか？
1分以内で説明してください。）

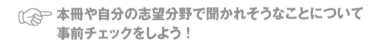 **本冊や自分の志望分野で聞かれそうなことについて
事前チェックをしよう！**

　質問22の「的を射た応答をするために…」を参考に自分の答えの柱をメ

モしよう！

....

....

....

....

....

....

....

....

....
....
....
....
....
....
....
....

👉 質問に対しての資料への着眼

【質問例】「どのような傾向があるか？」

➡【着眼】・安定しているところは？

・増加、減少しているところは？

・伸びているところは？

・割合（可能性）が高いところや低いところは？

・かなり大きな変化があったところは？

【質問例】「○○を改善するにはどうすればよいか？」

➡【着眼】・先進国か発展途上国か？

・地理的な特徴はないか？

・人口はどのくらいか？

・現代人の良いところと悪いところは？

質問23

本冊
P094参照

○○(さんの意見)について、賛成(反対)の立場で
意見を述べてください。

面接官

☞ **本冊や自分の志望分野で聞かれそうなことについて
事前チェックをしよう！**

　質問23の「的を射た応答をするために…」を参考に自分の答えの柱をメ
モしよう！

....

....

....

....

....

....

....

....

....

....

・・

・・

・・

・・

・・

・・

・・

・・

・・

・・

・・

・・

・・

・・

・・

☞ **ポイントを押さえた意見の述べ方**

　自分の意見を述べるときは、次のような流れで言うようにしよう。

① 自分の意見

② その理由

③ 理由の根拠

質問24

本冊
P096参照

〇〇問題について、将来解決したいことは何ですか？

面接官

👉 **本冊や志望理由書・自己推薦書・課題レポートの
事前チェックをしよう！**

　質問24の「的を射た応答をするために…」を参考に自分の答えの柱をメモしよう！

....
....
....
....

👉 **志望理由書・自己推薦書・課題レポート・答えの柱などから
自分の突っ込みどころを想像しよう！**

予想される質問（想像できる突っ込みどころ）

面接官（〜か？）

....
....
....

応答（私の具体的な返し）

私（はい。〜です。）

質問25

本冊 P098参照

> 本学に、あなたはどのような形で
> 貢献できますか？

面接官

☞ **本冊や志望理由書・自己推薦書・課題レポートの 事前チェックをしよう！**

　質問25の「的を射た応答をするために…」を参考に自分の答えの柱をメモしよう！

....

....

....

....

☞ **志望理由書・自己推薦書・課題レポート・答えの柱などから 自分の突っ込みどころを想像しよう！**

予想される質問（想像できる突っ込みどころ）

面接官（〜か？）

....

....

....

応答（私の具体的な返し）

私（はい。～です。）

質問26

本冊
P100参照

成績が良いのになぜ推薦（総合）なのですか？

面接官

☞ **本冊や志望理由書・自己推薦書・課題レポートの**
事前チェックをしよう！

　質問26の「的を射た応答をするために…」を参考に自分の答えの柱をメモしよう！

....

....

....

....

☞ **志望理由書・自己推薦書・課題レポート・答えの柱などから**
自分の突っ込みどころを想像しよう！

予想される質問（想像できる突っ込みどころ）

面接官（〜か？）

....

....

....

応答（私の具体的な返し）

私（はい。〜です。）

質問27

本冊
P102参照

集団の中でリーダーシップを発揮できますか？

面接官

☞ **本冊や志望理由書・自己推薦書・課題レポートの
事前チェックをしよう！**

　質問27の「的を射た応答をするために…」を参考に自分の答えの柱をメモしよう！

....

....

....

....

☞ **志望理由書・自己推薦書・課題レポート・答えの柱などから
自分の突っ込みどころを想像しよう！**

予想される質問（想像できる突っ込みどころ）

面接官（〜か？）

....

....

....

応答（私の具体的な返し）

私（はい。～です。）

質問28

本冊
P104参照

〇〇(例英語)の成績が良くないのは
なぜですか？

面接官

☞ **本冊や志望理由書・自己推薦書・課題レポートの
事前チェックをしよう！**

　質問28の「的を射た応答をするために…」を参考に自分の答えの柱をメ
モしよう！

....
....
....
....

☞ **志望理由書・自己推薦書・課題レポート・答えの柱などから
自分の突っ込みどころを想像しよう！**

予想される質問（想像できる突っ込みどころ）

面接官（〜か？）

....
....
....

応答（私の具体的な返し）

私（はい。～です。）

質問29

本冊
P106参照

ここ（会場）までどうやって来ましたか？

面接官

☞ **事前に簡潔でわかりやすい説明を考えておこう！**

　質問29の「的を射た応答をするために…」を参考に自分の答えの柱をメモしよう！

....

....

....

....

☞ **志望理由書・自己推薦書・課題レポート・答えの柱などから
　自分の突っ込みどころを想像しよう！**

予想される質問（想像できる突っ込みどころ）

面接官（〜か？）

....

....

....

応答（私の具体的な返し）

私（はい。～です。）

質問30

本冊
P108参照

聞いておきたいことは何かありますか？

面接官

☞ **本冊や志望理由書・自己推薦書・課題レポートの
事前チェックをしよう！**

　質問30の「的を射た応答をするために…」を参考に自分の答えの柱をメ

モしよう！

....

....

....

....

☞ **志望理由書・自己推薦書・課題レポート・答えの柱などから
自分の突っ込みどころを想像しよう！**

予想される質問（想像できる突っ込みどころ）

面接官（〜か？）

....

....

....

応答（私の具体的な返し）

私（はい。〜です。）

志望大学独自の質問
予想される質問とその答え

　本冊P.115〜や入手した過去問などを参考に、自分の志望校にしぼった準備をしておこう！

本冊
P.115参照

志望大学 1

☞ 頻出の質問

志望動機について

....

....

入学後について

....

....

建学の精神・アドミッションポリシー（AP）について

....

....

☞ **志望大学の独自の質問**

> 志望大学・学部・学科の
> 特徴的な質問を
> 考えて、答えを準備しよう！

質問 **1**

....

答え **1**

....

....

....

....

質問 **2**

....

答え **2**

....

....

....

....

質問 **3**

....

答え **3**

質問 **4**

答え **4**

質問 **5**

答え **5**

志望大学 2

志望動機について

....
....
....
....
....

入学後について

....
....
....
....
....

建学の精神・アドミッションポリシー（AP）について

....
....
....
....
....

👉 志望大学の独自の質問

> 志望大学・学部・学科の
> 特徴的な質問を
> 考えて、答えを準備しよう！

質問 1

....

答え 1

....

....

....

....

質問 2

....

答え 2

....

....

....

....

質問 3

....

答え **3**

質問 **4**

答え **4**

質問 **5**

答え **5**

志望大学 3

☞ **頻出の質問**

志望動機について

....

....

....

....

....

入学後について

....

....

....

....

....

建学の精神・アドミッションポリシー（AP）について

....

....

....

....

....

👉 **志望大学の独自の質問**

> 志望大学・学部・学科の
> 特徴的な質問を
> 考えて、答えを準備しよう！

質問 **1**

....

答え **1**

....

....

....

....

質問 **2**

....

答え **2**

....

....

....

....

質問 **3**

....

答え **3**

質問 **4**

答え **4**

質問 **5**

答え **5**

自分の表情などを
動画チェック

> ノンバーバル（非言語）
> コミュニケーションのチェック！
> 自分の様子を動画に撮ってみよう！

自分の直すべき点、改めるべき事柄について書き記そう！

そして、再度撮ってチェックしよう！

表情は？

....

....

発声は？

....

....

声量は？

....

....

情熱は？（相手に思いを伝えようとしているか？）

....

....

....

....

伝え方は？（覚えたことをそのまま機械的に言っていないか？）

....

....

....

....

間の取り方は？（いきなり答えていないか？）

....

....

....

....

その他、気づいたことなど

....

....

....

....

受け答えに困るような
質問への対応のしかた

学究的態度を貫いているか？

　自分の全く知らないことを聞かれたり、答えがすぐに出てこないような質問をされたりした場合には、以下のように答えましょう。

● 「知りませんでした。さっそくあとで〜について調べます。」

● 「知りませんでした。よろしければ教えていただけないでしょうか？」

● 「〜については〜だと考えていました。もう一度調べ、
　考え直してきちんとした結論を出せるように努力します。」

● 「私はまだまだ〜についてのアプローチが足りません。
　今日のお話を教訓にして、さっそく〜について勉強し直します。」

☞ 覚え書きメモ

....

....

....

....

....

....

これから面接室へ
向かうキミに…

今、自分が受験できる
環境にいることに感謝し、
思いっきり受験を
楽しんでください

緊張するのは当たり前のこと。

思いっきり緊張すればいい。

緊張している自分を自覚すればいい。

ただし、あせらないこと。

落ち着いてゆっくり息を吐くこと。

受験生はみな、同じ弱さをもっている。

総合・推薦入試の会場にいる人みなが、

早く決めたがっている。

早く決めたがる根っこにある気持ちが、弱さの一つだ。

それを少なくとも君自身は自覚して、その弱さを乗り越えよう。

気持ちを強くもとう。

面接は、うまく答えようとしなくてよい。

相手が自分に何を求めているのか、その言葉に真剣に耳を傾けること。

相手がキミに求める最大のものは、キミの「誠実さ」だ。

ひと呼吸おいてから、ゆっくりはっきりと、答えること。

それだけでいい。

竹内麦村

総合推薦入試
面接